Zu Gast
auf Mallorca

Zu Gast
auf Mallorca

Die schönsten Rezepte

Frank Schauhoff • Tonina Oliver
Fotografien: Dieter Bork

DuMont Buchverlag
Köln

Abbildung S. 2/3: Arroz Negro auf den Felsen von Bañalbufar

Die Deutsche Bibliothek – CIP-Einheitsaufnahme

Zu Gast auf Mallorca: die schönsten Rezepte / Frank
Schauhoff; Tonina Oliver. Fotogr.: Dieter Bork. – Köln:
DuMont, 1993
ISBN 3-7701-3196-7
NE: Schauhoff, Frank; Bork, Dieter

Satz und Druck: Rasch, Bramsche
Buchbinderische Verarbeitung: Bramscher Buchbinder Betriebe

Printed in Germany · ISBN 3-7701-3196-7

INHALT

EINFÜHRUNG

Wenn man sich der Mittelmeerinsel Mallorca auf dem Landweg nähert, um sich in Barcelona einzuschiffen, wird man links von der Rhône auf der alten Route Nationale 86 in Richtung Süden die langsame Veränderung der mittelfranzösischen Landschaft beobachten. Wenn dann rechts die Berge des Ardèche auftauchen, ist der Süden ganz nah; leichte Winde der Levante wehen vom Rhônetal hoch; das Dunkelrot der Dachpfannen

weicht einem helleren, fast orientalisch changierenden Terracotta-Ton, das Licht wird klarer, die Luft durchsichtiger, der Süden, die ganze Levante, scheint zum Greifen nah, wenn die südlichen Ausläufer der Berge des Ardèche bei Sonnenuntergang eine bläuliche Färbung annehmen und den Reisenden in ihren Bann ziehen.

Fast auf gleicher Höhe liegt östlich Montélimar, berühmt für das weiße Nougat, eine ihrem Ursprung nach arabische Süßigkeit, die aus Mandeln, Eiern und Zucker hergestellt wird und in Katalonien wie auf Mallorca um die Weihnachtszeit als *turrón* angeboten wird. Ein erster kulinarischer Bote der Mittelmeerinsel, deren Machtausdehnung im 13. Jahrhundert als ›Königreich Mallorca‹ über Montpellier hinaus reichte. Montpellier war kultureller Mittelpunkt des Königreichs Mallorca, während das weiter im Süden gelegene Perpignan das politische Zentrum bildete. Hauptstadt jedoch war immer ›Ciutat de Mallorca‹, das heutige Palma de Mallorca.

In den französischen Provinzen Languedoc, dem alten Foix, vor allem aber im Roussillon, dem Herzen des spanischen Katalonien, also auch Mallorcas, haben die französischen Omelettes Tortillacharakter, der Schinken wird wie *jamón* zubereitet, geschnitten und gegessen. Und auch der Umgang mit Tomaten, Paprika, Auberginen, Knoblauch und Hülsenfrüchten und ihre Zubereitung ist sehr ähnlich. Schweinefleisch (ein traditionell mallorquinisches Exportprodukt), Hammel und die ihrem Ursprung nach römische Zubereitungsart des *Cassoulet* in all seinen Varianten - eine davon ist das mallorquinische *bollit* - prägen die Küche dieser südfranzösischen Provinzen, die kulinarisch sicher mehr zu Katalonien gehören als zu Frankreich.

Hier, an den sonnenverwöhnten Weinhängen des Roussillon, findet man bereits die Rebsorten *Mourvedre (Mataró)* und *Malvoisie (Tourrat)*, die den Gaumen mit ihrem fruchtigen Aroma und einem Hauch von Lorbeer und Thymian einnehmen. Diese Trauben und den typischen Geschmack ihrer Weine wird der Reisende auf Mallorca wiederentdecken.

Hinter den Bergen der Pyrenäen, wo deren grüne Ausläufer auf die schroffen Felsen der Costa Brava stoßen, beginnt Katalonien. Wogende Weizen- und Getreidefelder, weitläufige Obstpflanzungen zum Landesinneren hin, Weinberge und Olivenhaine in Küstennähe. Altes Kulturland: Hier siedelten Griechen, Karthager, Römer, Westgoten, Mauren, Franken. Auf der Insel Mallorca kehren - wie auf einem Miniaturkontinent - alle Felsformen und Farben, alle typischen Landschaftselemente des französischen und spanischen Katalonien wieder, als hätte Mallorca in irgendeinem dieser kleinen Fischerdörfer vor Hunderten oder Tausenden von Jahren wie eine riesige Arche die Leinen gekappt und sich 200 Kilometer hinaus aufs Meer treiben lassen.

DIE INSEL MALLORCA UND IHRE PRODUKTE

DIE VORRATSKAMMER – ES REBOST

An langen, an Steindecken aufgehängten Stöcken in kühlen Räumen, die sich im Herzen der Fincas und Häuser verbergen, baumeln scharfe Würste *(sobrasadas)*, dunkle Blutwürste *(butifarrón)*, rote, scharfe Pfefferschoten, Lorbeer, Knoblauch, die typischen Wintertomaten *(tomate de ramallet)*, Moscateltrauben, die langsam zu dicken Rosinen schrumpfen, Hinterschinken und Stockfisch, Mandeln, getrocknete Aprikosen, Datteln und Feigen. Olivenöl, eingelegte Oliven im Faß *(alfabi de olives)*, aufgesetzter Kräuterschnaps auf der Basis eines Anisbrandes *(hierbas secas)* oder süßer, als Likör *(hierbas dulces)*. Im *rebost* lagert alles für die Langzeitbevorratung, aber auch das typische salzlose *pan moreno*, das so wichtig ist für das mallorquinische ›Grundnahrungsmittel‹ *Pa amb Oli* (Seite 55), Brot mit Tomaten, Olivenöl und Salz. Irgendwie lagern fast alle Produkte der Insel mal kurz oder lang in irgendeiner dieser Vorratskammern.

Wir empfehlen, zunächst diese kleine Warenkunde zu lesen, um einerseits eine Übersicht zu bekommen, andererseits die Produkte kennenzulernen und beim Nachkochen der Rezepte außerhalb Mallorcas bei einzelnen Lebensmitteln Entsprechungen zu finden, die das Gelingen der Rezepte ermöglichen.

Grundsätzlich gilt für die mallorquinische Küche, daß die Auswahl der Grundstoffe von allergrößter Bedeutung ist. Auch die sorgfältige Verarbeitung spielt eine große Rolle.

Lassen Sie sich also nicht von der Einfachheit mancher Rezepte in Sicherheit wiegen, Ihre Aufmerksamkeit ist gefordert, denn Sie können später nicht - wie bei anderen Küchen - mit *crème double*, mit *demi glace* oder einem *jus* übertünchen oder nachbessern. Lassen Sie sich andererseits nicht abschrecken, denn Ihre Mühe und Sorgfalt wird belohnt; ein gut zubereitetes *Frito Mallorquin* (Seite 95) ist eines der einfachsten, wundervollsten und schmackhaftesten Gerichte.

Hier nun eine kurze Beschreibung der wichtigsten Produkte und Nahrungsmittel Mallorcas.

ALCACHOFAS

ARTISCHOCKEN

Die kleinen wilden Artischokken, die im Frühjahr und Herbst angeboten werden (und wild am Wegesrand wachsen), sind die ganz großen in Sachen Geschmack (Seite 41).

ALGARROBAS

JOHANNISBROT

Früchte des Johannisbrotbaums finden auf Mallorca unterschiedlichste Verwendung. Die unreifen Früchte werden im Winter als Viehfutter, die reifen Hülsenfrüchte im Frühjahr (auch geröstet) als Nahrungsmittel genutzt. Den Griechen, Arabern und Phöniziern diente der fast immer genau 0,18 g

Früchte des Johannisbrotbaumes

wiegende Samen als Gewichtseinheit; die Mallorquiner nehmen die 20 cm lange und 3 cm breite, dunkle, schwarzbraune Frucht als Basis für eine bekannte Magenbitterspezialität, den *palo* (Seite 117). Nach dem Krieg wurde aus Johannisbrot Ersatzkaffee gebrannt.

ALMENDRAS

MANDELN

Der Mandelbaum ist eine der vielen Hinterlassenschaften der jahrhundertelangen maurischen Herrschaft. Mehr als ein Dutzend unterschiedlichster Mandelsorten ist auf Mallorca bekannt. Alle sehen - verglichen mit den kalifornischen Mandeln - nicht sehr schön aus, schmecken aber hervorragend und halten ihr intensives Aroma lange. Für die Rezepte bedeutet das, der häßlichen, aber schmackhaften spanischen Mandel vor amerikanischen Produkten den Vorzug zu geben.

AVES

GEFLÜGEL

Mallorca hat einen außergewöhnlich hohen Bestand an frei-
laufenden Hühnern, Perlhüh-
nern, Enten und Gänsen sowie
Zuchttauben. Auf Wochenmärkten kann man Qualitäten erste-
hen, die einem Vergleich mit
den französischen Bresse-Ge-
flügeln durchaus standhalten.
Perlhühner *(faraonas)* erfreuen
sich besonderer Aufmerksamkeit der Züchter und Konsu-
menten und werden in hervorragender Qualität angeboten.
Leider wird Geflügel in den meisten Gasthöfen und Restaurants durchgegart. Bei den Rezepten haben wir Garzeiten an-
gegeben, die ein *à-point*-Garen
ermöglichen, so daß Sie, wenn
Sie auf Mallorca oder zu Hause
kochen, in den vollen Genuß
des Fleischaromas kommen.

AZAFRAN

SAFRAN

Aus hellviolett blühenden Sa-
frankrokussen werden von
Hand die gelbroten Blütenfäden
herausgezogen. Für 1 kg Safran
müssen fast 100 000 Blüten ab-
geerntet werden. Safran ist das
teuerste Gewürz der Welt, und
Spanien produziert den besten
Safran; dort ist Safran auch am
billigsten (innerhalb Europas).
 Für das Kochen mit Safran
gilt Vorsicht! Zuviele Safranfäden können ein Gericht seifig
schmecken lassen. In der Regel
genügen ein bis zwei, maximal
drei Fäden.

BORRAJA

BORRETSCH

Obwohl dieses Gewürz in der
mallorquinischen Küche keine
Verwendung findet, soll nicht
unerwähnt bleiben, daß auf der
Insel ein schmackhafter Bor-
retsch wild wächst – ein Bor-
retsch, der dem gezüchteten in
jeder Hinsicht überlegen ist.
Vor allem eignen sich die
wilden Blätter zum Fritieren (in
Olivenöl, vorher die Blätter kurz
in Wermut einlegen). Die fritierten Blätter, gefüllt mit leichtem
Käse (Schaf oder Ziege), können zum Aperitif gereicht werden.

CARACOLES

SCHNECKEN

Kurz nachdem es geregnet hat,
wird man in Mallorca immer
wieder Bauern, aber auch ganze
Familien und Gruppen mit Kör-
ben und Plastikeimern oder -tü-
ten sehen, die Feldraine und Ge-
büsche an Wegen und Straßen
nach Schnecken absuchen. Die
Schnecke ist eine Delikatesse,
deren Beliebtheit sich in den
vielen Rezepten und Zubereitungsarten spiegelt, die die
mallorquinische Küche für das
kleine Tier bereithält. So gehört
auch der Schneckenkäfig (mit
Maschendraht) oder die *caraco-*

11

lera aus Ton auf vielen Fincas, in Lebensmittelgeschäften und Wochenmärkten zur Grundausstattung, um die Schnecke zu bevorraten.

Über die jeweilige Qualität der Schnecke gibt es eine nicht enden wollende Diskussion. Es gibt zwei Auffassungen, so kontrovers, daß man sich eine Annäherung schwer vorstellen kann: Die kleineren hellen, fast weißen Schnecken, die sogenannten ›Witwen‹ *(viudas)*, gelten den einen als der Schneckenhochgenuß schlechthin, während die anderen die größeren, farbigen *(boves)* bevorzugen. Prüfen Sie selbst, beide schmecken hervorragend.

CARNE DE CERDO

SCHWEINEFLEISCH

Das schwarze Schwein gehört zu den Exportprodukten - neben Mandeln und Oliven -, die die Mittelmeerinsel auf dem europäischen Festland bekannt gemacht haben. Was für die Schwesterinsel Menorca die wohlschmeckende blaue Felsenlanguste, ist für Mallorca das ›schwarze Schwein‹, das, wie George Sand in »Ein Winter auf Mallorca« beschrieben hat, auch den Grundstein für den Tourismus gelegt hat. Die Schweinetransportschiffe, welche die begehrten Schweine nach Barcelona auf das Festland brachten, stellten eine regelmäßige Fährverbindung her, die auch von Reisenden genutzt wurde, die auf der ›Isla de la calma‹ Erholung suchten und fanden. Das Fleisch des schwarzen Mal-

lorca-Schweins gilt als das beste Schweinefleisch schlechthin. Man sollte keinen Mallorca-Aufenthalt verstreichen lassen, ohne vom Fleisch und den Fleischprodukten, die bei einer typischen *matanza* (Schlachtfest) entstehen, ausgiebig gekostet zu haben. Auch das im *horno* (dem Backofen) zubereitete Spanferkel ist wärmstens zu empfehlen. Nachdem das Spanferkel fertig ist, wird Brot nachgeschoben, das in der Restwärme gebacken wird und besonders gut schmeckt.

CARNE DE OVEJA, CORDERO, CABRA

FLEISCH VON SCHAFEN, LÄMMERN, ZIEGEN

Auf den saftigen Winterweiden im Süden Mallorcas und auf den grünen Terrassenwiesen an

der nördlichen Steilküste grasen Schafe und Ziegen auf von der Meeresluft gesalzenem Grün; Wiesen, die von Kräutern und Blumen durchsetzt sind. Das Fleisch dieser Tiere ähnelt im Geschmack sehr dem *mouton pré-salé*, wie die Franzosen in der Normandie und Bretagne stolz ihr kräftiges Lammfleisch nennen (Seite 85ff.).

ESCLATASANGS

PILZE

Im späten Sommer, wenn die ersten großen Regenschauer auf die Insel niedergehen, tauchen die ersten *esclatasangs* auf den Märkten und in den *colmados* auf: ein sehr schmackhafter Pilz einer selteneren Reizkerart, der in Pinienwäldern gesucht werden muß. Die Saison reicht bis tief in den Dezember und je nach Wetterlage bis in die er-

sten Tage des Januar hinein. Die *esclatasangs* werden nicht unter Wasser gesäubert, sondern zunächst mit einem kleinen, scharfen Messer geputzt und dann mit einem feuchten Tuch abgewaschen. Am besten schmecken sie gegrillt, mit einem *picadillo* aus Knoblauch und Petersilie und mit Olivenöl beträufelt (Seite 15).

ESPARRAGOS SILVESTRES

WILDER SPARGEL

Dieses wunderbare Geschenk der Natur, das dem geschickt Suchenden eine unvergleichliche Mahlzeit beschert, ist auf Mallorca reichlich vorhanden und wird in der Hauptsaison auf den Landstraßen von Jugendlichen, die ihr Taschengeld aufbessern wollen, den Autofahrern angeboten. Es lohnt sich, zu halten und ein oder

mehrere Gebinde mitzunehmen und zu einem unvergleichlichen Omelette (Rezept Seite 37) zu verarbeiten.

GARBANZOS

KICHERERBSEN

Hülsenfrüchte sind auf Mallorca für die tägliche Küche von großer Bedeutung. Das zeigt sich auch darin, daß man in den Markthallen (Mercado Olivar in Palma), aber auch auf Märkten, alle Hülsenfrüchte *en remojo* (eingeweicht) und vor allem *cocido* (gekocht) kaufen kann. Den Kichererbsen kommt bei vielen Gerichten Beilagencharakter zu, sie sind so etwas wie Kartoffelersatz.

GRANADA

GRANATAPFEL

Die wunderbaren ›granatroten‹ Blüten des Granatapfelstrauchs oder des viel größeren ›baums‹ sind weithin sichtbar und sehr dekorativ, wie später auch die Frucht, die sehr oft nur zu dekorativen Zwecken benutzt wird. Tatsächlich sind die Samen, die als Obst gegessen werden und aus denen der berühmte Grenadine-Sirup gewonnen wird, von hervorragendem Geschmack und eine interessante Bereicherung für die Küche. Im Rezeptteil wird die Zubereitung einer *Lengua de cerdo con salsa de granadas* (Schweinezunge mit Granatapfelsauce, Seite 100) beschrieben.

intensiver und vor allem herber. Die Mengenangabe in den Rezepten bezieht sich auf frische Blätter. Bei Verwendung getrockneter Blätter sollte die Menge mindestens halbiert werden. Wir haben gute Erfahrungen damit gemacht, getrocknete Blätter zwischen zwei Zitronenscheiben ziehen zu lassen, um den leicht bitteren Geschmack zu mildern.

MANTECA DE CERDO

SCHWEINEBUTTER

So wird das Schweineschmalz genannt, das aus Mallorcas Prachtschweinen, die in ganz Spanien berühmt sind, gewonnen wird und das neben dem Olivenöl das zweite Basisfett der mallorquinischen Küche ist. Es wird im wesentlichen von der Qualität des Schweineschmalzes und der richtigen – heißen – Verarbeitung abhängen, ob dem Mitteleuropäer der etwas ungewöhnliche Geschmack zusagt. Bei vielen Gerichten kann die Schweinebutter durch Olivenöl ersetzt werden. Übrigens: Schweineschmalz enthält nur halb soviel Cholesterin wie Butter.

HIERBABUENA

Dieses ›Gute Kraut‹, das in der mallorquinischen Küche oft und gerne benutzt wird, dort fast als Petersilienersatz bezeichnet werden kann (obwohl nicht annähernd soviel grün gewürzt wird wie z. B. in Frankreich), ist ein Geschmackszwitter, der am ehesten dem Basilikum zugeordnet werden kann, aber auch einen Hauch Zitronenmelisse in sich hat; vor allem die jungen Triebe kommen der Zitronenmelisse nahe. Soll *hierbabuena* ersetzt werden müssen, nimmt man kleinblättriges Basilikum und ein wenig Zitronenmelisse.

HINOJO

FENCHEL

Die Vegetation Mallorcas ist reichlich mit wildem Fenchelkraut gesegnet, das an manchen Stellen kilometerlang die Feldwege im Inneren der Insel säumt. Dieser wilde Fenchel ist zugleich kräftig im Geschmack, aber auch feingliedrig und dekorativ im Aussehen. Ersetzt werden kann er durch die jungen Triebe und das frische Grün der Fenchelknolle, wobei einige Fenchelsamen den Geschmack unterstützen können. Bei manchen Rezepten - z. B. Schnecken - kann auch ein Spritzer Anisette (Vorsicht!) den Fenchelgeschmack unterstreichen.

LAUREL

LORBEER

Auf Mallorca wachsen kräftige Lorbeerbäume, die auch in den Wintermonaten ihr volles, starkes Grün behalten. In der mallorquinischen Küche findet das Lorbeerblatt meist frisch oder getrocknet Verwendung. Das getrocknete Blatt ist um einiges

MENTA

MINZE

Die Minze Mallorcas ist stark und kräftig. Hier empfiehlt es sich, wenn Treibhausminze verwendet wird, die Menge zu erhöhen oder gar zu verdoppeln.

14

NORA

Die wie eine Kreuzung zwischen kleiner Tomate und Miniaturpaprika aussehenden mittelscharfen Chilischoten sind getrocknet fester Bestandteil vieler Rezepte der mallorquinischen Küche. In den *colmados* (Lebensmittelgeschäften) sieht man sie manchmal in Essig oder Salzlake eingelegt. Auf den Märkten werden sie neben Strauchtomaten und Knoblauch als Zöpfe angeboten. Ein Zopf hat selten mehr als acht *ñoras*, da die *ñora* nicht ganz billig ist. Sollten Sie keine *ñora* zur Hand haben, so können Sie diese durch 1/3 rote scharfe Chilischote (Peperone) ohne Kerne ersetzen.

PAN MORENO

DUNKLES BROT

Das dunkle, salzlose mallorquinische Mischbrot, die Grundlage für *Pa amb Oli*, das auch geröstet *(Torrat)* zubereitet werden kann (Seite 55), bildet feingeschnitten und getrocknet die Basis für *Sopas mallorquinas*, die heiß in die Teller gefüllt wird, nachdem diese mit den getrockneten Brotscheiben ausgelegt wurden (Seite 58).

PASAS

ROSINEN

Die in den Rezepten Mallorcas verwendeten Rosinen sind über Winter getrocknete Trauben, die weder geschwefelt noch anders

haltbar gemacht wurden. Auf den Dachböden und in den Vorratskammern, an Stöcken oder Fäden nach der letzten Ernte aufgehängt, warten sie (mehr oder weniger lange) auf ihre Verwendung in der Küche. Ersetzt werden können diese getrockneten Trauben durch dicke kalifornische Rosinen, die man mit lauwarmem Wasser (auch Wein) bedeckt und über Nacht ziehen läßt.

PICADA oder PICADILLO

Picada ist ein beliebtes Würzmittel für alle Speisen und wird im Mörser hergestellt. Die Blätter der glatten Petersilie werden mit geschälten Knoblauchzehen und Salz im Mörser zerstampft. Damit können Suppen und Fleisch, aber auch Fisch und Gambas vor dem Grillen gewürzt werden. Mit Olivenöl aufgefüllt ergibt es eine gute Marinade.

PINONES

PINIENKERNE

Kleine ölhaltige Samen der Pinienzapfen, die aus der harten Samenschale herausgebrochen werden. Frisch sehen sie wie Elfenbein aus und werden gelblicher, je länger sie dem Licht ausgesetzt sind. Viele Saucen, Gemüse und Desserts werden mit Pinienkernen verfeinert.

QUESO

KÄSE

Dieses wundervolle Produkt aus Milch und Lab hat eine große Tradition in all den Ländern, deren Klima es nicht erlaubt, die Milch aufzubewahren. Auf Mallorca werden vor allem in Campos alle gängigen Sorten von Weichkäsen aus Ziegen-, Schafs- und Kuhmilch hergestellt, die man auch im übrigen

Mittelmeerraum kennt. Dabei ist die Vielfalt hier lange nicht so groß und elaboriert wie in Italien, Frankreich und auf dem spanischen Festland. Eine große Käsetradition hat Mallorca im Gegensatz zu Menorca *(Mahonés)* nicht. Es gibt jedoch den *formatge tendre*, einen schmackhaften, jungen Ziegenkäse (manchmal gestreckt mit Kuhmilch) in der Lake, vergleichbar der Mozzarella in Italien. Ein wunderbarer, salzloser Käse mit einem authentischen Aroma.

SOBRASADA – BUTIFARRÓN

METTWURST – BLUTWURST

Das wichtigste Nebenprodukt der *matanza* ist die *sobrasada*, eine feine Schweinemettwurst, die mit feurigen roten Chilischoten gewürzt ist. Der Erfolg des Schlachtfestes wird im wesentlichen an der Qualität der *butifarrón* und der *sobrasada* ge-

messen. Überflüssig zu erwähnen, daß in Mallorca, wo noch viele Familien selbst schlachten, Hunderte von Rezepten kursieren, daß die Würste wie Familienschätze gehandelt werden und tatsächlich Würste dabei sind, die auf landwirtschaftlichen Ausstellungen leicht den einen oder anderen Pokal gewinnen könnten. Allerdings sind wirklich gute Produkte nicht in Supermärkten zu finden. *Sobrasada* und *butifarrón* haben durch die Massenproduktion starke Qualitätseinbußen hinnehmen müssen. Man sollte erste Qualität in Spezialgeschäften, die es überall auf der Insel gibt, kaufen oder über Freunde oder Nachbarn vom Bauern oder der Familie beziehen. Für die Rezepte wäre ein – wenn auch nicht wirklich zufriedenstellender – Ersatz für die *sobrasada* eine nicht geräucherte, mittelfeine Mettwurst und dazu etwas feingemahlener, mittelscharfer Paprika oder sehr fein gewürfelter durchwachsener Speck und etwas Chili; für die *butifarrón* eine einfache Blutwurst.

CAZA

WILD UND WILDGEFLÜGEL

Die Mallorquiner sind wie die meisten Spanier begeisterte Jäger, und die Bestände sind auf der wald- und wasserreichen Insel ordentlich, da die Jagdgesetze sehr restriktiv sind und Wildern härtestens bestraft wird. Trotzdem sind Wildgerichte auf dem Speiseplan der Restaurants eher zufällig. Auf Mallorca läßt sich Wild klimatisch bedingt nicht wie in Mitteleuropa abhängen, da sofort Fäulnis einsetzen würde. Man kann also ein Feldrebhuhn nicht einige Tage im Federkleid hängen und ›reifen‹ lassen, sondern muß es schnell verzehren. Deshalb werden die meisten Wildgerichte als *cassola*, als Schmortöpfe zubereitet, damit das nicht abgehangene Wildgeflügel lange köcheln und zart werden kann. Natürlich ist auch der Wildgeschmack bei sofort ausgenommenen und teilweise am selben Tag verzehrtem Wild oder Wildgeflügel deutlich weniger ausgeprägt.

Hierzu ein kleiner Jagdkalender:

Am 12. Juli beginnt die Jagd auf Kaninchen, am 15. August auf Turteltaube, Wachtel und Ente, am 1. Oktober auf die Wild- und Bergziege, am 4. Oktober auf alles Niederwild, am 4. Januar auf das Rebhuhn, und am 31. Januar endet die Jagdsaison.

Nach diesem Kalender sollte man sich richten, wenn man in Restaurants oder Bodegas auf Mallorca Wildgerichte bestellt.

DIE WEINE MALLORCAS

Zur Orientierung für den Weinkauf hier die sieben großen Namen des mallorquinischen Weins, die man kennen und probieren sollte: Fast alle lassen sich - nach Voranmeldung - in den Keller gucken und verkaufen auch direkt ab Bodega. **1)** HERMANOS RIBAS *in Consell* **2)** JOSÉ L. FERRER *in Binisalem* **3)** MIGUEL OLIVER *in Felanitx und Petra* **4)** SANTA CATARINA *in Andraitx* **5)** ANTONIO NADALROS *in Binisalem* **6)** JAUME MESQUIDA *in Porreres* **7)** TREVIN *in Felanitx, Binisalem Manacor.*

Bereits im ersten Jh. v. Chr. erwähnt Plinius die »Vinos balearicos«, die sich im 14. Jh. an den Höfen Aragons und Kastiliens großer Wertschätzung erfreuten. Bis dann Ende des 19. Jh.s in Mallorca - wie in fast allen Ländern des Mittelmeers - die *filoxera,* die Reblaus, in den Weinbergen ganze Arbeit leistete und den gesamten Bestand an Rebstöcken vernichtete.

Seit Anfang der 80er Jahre nun gelingt es einigen mallorquinischen Winzern, wieder gute und sehr gute Weine auszubauen und zu verkaufen. Das Herzstück des neuen Weinaufschwungs in Mallorca bildet dabei die *Comarca Binisalem,* die seit 1991 eine *Denominación de Origen* (D. O.) sowie einen *Consejo Regulador* (ein Qualitätskontrollorgan) etabliert hat. Andere Gebiete, wie zum Beispiel Felanitx und Petra, hätten sich gerne einer D. O. angeschlossen oder eine eigene gegründet, und viele fragen sich, warum nicht Mallorca eine *Denominación de Origen* für die Insel insgesamt durchgesetzt hat.

Das und andere Themen beherrschen die Gespräche, wenn bei der *Festa d'es Vermar,* dem Erntedankfest in Binisalem, die schönsten Trauben preisgekrönt werden. Das Erntedankfest ist eine hervorragende Gelegenheit, die verschiedenen Weine zu probieren und dazu die berühmten *Fideos de Vermar,* ein traditionelles Erntedankgericht, zu essen. Dieses traditionelle Nudelgericht (Seite 33) wird in den verschiedenen Regionen Mallorcas unterschiedlich zubereitet, am häufigsten werden Kaninchen und Schnecken verwendet, aber auch Lammfleisch ist eine übliche Variante. Wie auch immer, das Gericht paßt hervorragend zu den ausgeglichenen Rotweinen Mallorcas, die hauptsächlich aus der geschmacksintensiven Mantonegro-Traube gekeltert werden, die den Weinen diesen runden, vollen Geschmack verleiht.

17

SUPPEN UND VORSPEISEN

BOLLIT DE VERANO

SOMMER-FISCHTOPF

Die *bollit*-Varianten werden im Mittelmeerraum immer ungezählt bleiben, es dürften Tausende sein. Es spricht nichts dagegen, diesen Rezepten neue hinzuzufügen. Man sollte deshalb auch alle anderen Rezepte nur als einen Vorschlag betrachten und sich vom Tagesangebot auf dem Markt inspirieren lassen. So ist sicher Fenchel ein interessantes Gemüse, um es mit den Seeteufelschwanzstücken zuzubereiten; allerdings nicht jedermanns Geschmack. Auch das Hinzufügen von Aioli oder Rouille und geröstetem Brot kann erwogen werden. Also: lassen Sie sich inspirieren von diesem *Bollit de verano* um Ihr eigenes *bollit* zu kochen. »Bon Profit« (»Guten Appetit« auf mallorquín)!

Zutaten

4 Seeteufelschwänze
400 g Kartoffeln
150 g Möhren
200 g grüne Bohnen
1 mittelgroße Zwiebel
2 Knoblauchzehen
1 Stiel frischer Fenchel oder Kraut einer Fenchelknolle
4 Stiele glatte Petersilie
4 Safranfäden
Salz, weißer Pfeffer
Olivenöl
(für 4 Personen)

Kartoffeln, grüne Bohnen, Möhren und Zwiebeln in annähernd gleichgroße Stücke schneiden, um gleiche Garzeiten zu haben. Das Gemüse mit einer Knoblauchzehe kurz in Olivenöl andünsten, mit kaltem Fischfond oder kaltem Wasser auffüllen und 10–15 Minuten garen lassen. Die gewaschenen Seeteufelstücke hineingeben. Die Safranfäden hinzufügen. Wenn der Fisch gar ist, den Seeteufel mit den Gemüsen auf einer vorgewärmten Platte servieren.

Die zweite Knoblauchzehe, das Fenchelkraut und die glatte Petersilie in einem Mörser zerstoßen und in die Brühe geben. Als Suppe separat servieren. Dazu passen leichte, frische Weine mit der Bezeichnung *Blanc Pescador*.

FAVA PARADA

BOHNENEINTOPF

Getrocknete Hülsenfrüchte sind fester Bestandteil des mallorquinischen Speiseplans. In jedem *colmado* stehen einige Säcke mit den verschiedensten getrockneten Bohnen, Erbsen und Linsen. Natürlich gibt es auch hier wieder Vorlieben für bestimmte getrocknete Bohnensorten, die sich besser für die *Fava parada* eignen sollen als andere. Eigentlich reduziert sich alles auf zwei Möglichkeiten: Einmal gibt es die äußerst schmackhaften, kleinen rot-braun-gelb gescheckten Bohnenkerne und dann die richtig dicken, fast weißen Bohnen, die aufgrund ihrer

Größe und des Preises die Oberklasse aller getrockneten Bohnen darstellen. Zwischen diesen beiden Polen spielt sich das Thema *Fava parada* ab. Die zweite entscheidende Frage ist: Werden die Bohnen zusammen mit der Pökelrippe eingeweicht oder beides getrennt? Wenn die Bohnenkerne getrennt eingeweicht werden, dominiert der Bohnengeschmack und verdeckt den der Pökelrippe leicht. Geschmackssache!

Zutaten

400 g getrocknete Bohnenkerne
400 g gepökelte Schweinerippe oder Schweinenacken
1 große Zwiebel (geschält und gewürfelt)
1 ganze Knoblauchzehe (ungeschält)
2 Strauchtomaten (gehäutet und gewürfelt)
1 Bund Mangold (gewaschen, entstielt und zerkleinert)
1 Lorbeerblatt
2 Minzeblätter
Olivenöl
Salz und Pfeffer
(für 4–6 Personen)

Die Bohnenkerne und die Pökelrippe zusammen oder getrennt über Nacht einweichen. Das Olivenöl in einem gußeisernen Bräter (oder einer *greixonera*) erhitzen und zunächst die Rippe mit der Knoblauchknolle von allen Seiten goldbraun anbraten; Zwiebeln und Tomaten hinzugeben. Alles gut anschmoren, dann die eingeweichten Bohnen hinzugeben, unterrühren und mit der gleichen Menge Wasser ablöschen. Das Lorbeerblatt hinzugeben und bei geringer Hitze garen lassen. Kurz bevor die Bohnen weich sind, das Mangold und die feingehackten Minzeblätter hineingeben. Mit Salz und Pfeffer abschmecken. Im Kochgeschirr servieren. Dazu paßt ein kräftiger Rotwein aus Binisalem.

PANCUIT

KNOBLAUCHSUPPE

Ende Mai und im Juni türmen sich Mengen von Knoblauch auf den Verkaufstischen der Märkte und warten auf Käufer. So billig wie zu dieser

Zeit ist Knoblauch im ganzen Jahr nicht – und auch nicht so schmackhaft. Das ist der beste Moment für einen großen Topf Knoblauchsuppe, die in Mallorca den Namen *Pancuit* trägt, weil sie mit eingeweichtem Weißbrot gebunden wird.

Zutaten

1 kleine Knoblauchknolle
3 dicke Scheiben Weißbrot (ohne Rinde)
300 ml Milch
2 Tomaten (gehäutet, entkernt und kleingehackt)
1,5 l Fleischbrühe
1 ñora (oder 1/3 rote Chilischote ohne Kerne)
2 Eier
1 Prise scharfer Paprika
6 Stiele glatte Petersilie (feingehackt)
Olivenöl
(für 4–6 Personen)

Die Knoblauchzehen schälen und im Mörser zerstoßen. Die Weißbrotscheiben in der lauwarmen Milch einweichen. In einem gußeisernen Topf (oder einer *greixonera*) etwas Olivenöl erhitzen und die zerstoßenen Knoblauchzehen und die Tomaten andünsten. Das Weißbrot aus der Milch nehmen, ausdrücken und dazugeben. Alles unterziehen und mit der Fleischbrühe ablöschen und auffüllen. Die feingehackte *ñora* hineingeben und 10 Minuten bei geringer Hitze köcheln lassen. Die Suppe durch ein Sieb passieren und noch einmal kurz aufkochen lassen.

Die Eier mit dem scharfen Paprikapulver verquirlen. Die Suppe von der Kochstelle nehmen und die Eier unterrühren. Mit der gehackten Petersilie bestreuen und servieren. Am besten schmeckt dazu frisches Brunnenwasser.

POTAJE DE GARBANZOS

KICHERERBSENEINTOPF

Eintöpfe, Eintöpfe, Eintöpfe! Die *greixonera* oder der gußeiserne Kessel über der Feuerstelle im Haus ist das einprägsamste Bild älterer Darstellungen bäuerlichen Lebens auf der Insel. Das zweite Bild ist das Aufwärmen von Mitge-

brachtem während der Feldarbeit, dies dann wieder in einem dem gußeisernen Kessel nachempfundenen Gefäß, das über einem Reisigfeuer auf einigen Steinen oder auf einem Dreifuß am Feldrand erhitzt wurde. Hier sind die Ursprünge der meisten *cazuelas, escudellas* oder *potajes* und *sopas* zu suchen, die so zahlreich auf dem mallorquinischen Speiseplan vertreten sind. Oft war es so, daß die Basis – die getrockneten Hülsenfrüchte – vorgekocht mitgenommen wurden, frische Feldfrüchte eine natürliche Ergänzung bildeten und das Gericht auf dem Feld mit dem vollendet wurde, was die Jahreszeit zu bieten hatte. Es sind nicht die schlechtesten Rezepte, die so entstanden sind.

Zutaten

300 g Kichererbsen (24 Stunden eingeweicht)
3 Kartoffeln (geschält und in Scheiben geschnitten)
1 große Zwiebel (geschält und gewürfelt)
200 g Kürbis (geschält)
1 Knoblauchzehe (geschält und in Scheiben geschnitten)

1 große Tomate (gehäutet, entkernt und
gewürfelt)
1 Bund Spinat (gewaschen, entstielt und
zerkleinert)
5 Stiele glatte Petersilie (gehackt)
Olivenöl, Salz und Pfeffer
(für 4–6 Personen)

Die eingeweichten Kichererbsen bei starker Hitze kochen lassen. Die Kichererbsen nach ca. 50 bis 60 Minuten (bei älteren, dickeren Kichererbsen bis zu 80 Minuten) in ein Sieb geben und abtropfen lassen.

In einer Kasserolle Olivenöl erhitzen; Zwiebeln, Knoblauchzehe und Tomate hineingeben und anschmoren, bis die Zwiebelwürfel glasig sind. Dann die Kartoffeln und den Kürbis sowie die Kichererbsen hinzugeben, mit Wasser auffüllen und so lange köcheln lassen, bis der Kürbis weich ist. Den Kürbis herausnehmen, passieren und in der *potaje* verrühren. Jetzt auch den Spinat und die Petersilie hinzufügen, salzen und pfeffern und noch einmal aufkochen lassen.

Ein wunderbares Rezept, das Sie unbedingt probieren sollten. Ein Glas kaltes, klares Brunnenwasser schmeckt hierzu am allerbesten, so kommen die nuancierten Aromen der verschiedenen Gemüse gut zur Geltung.

POTAJE DE LENTEJAS Y HABAS TIERNAS

EINTOPF AUS LINSEN UND DICKEN BOHNEN

In diesem Rezept werden *habas tiernas* (dicke oder Saubohnen) ganz, also mit Schote, verarbeitet. Dies ist nur möglich, wenn die dicken Bohnen wirklich noch jung und frisch und innen ganz zart sind.

Zutaten

300 g getrocknete Linsen
400 g ganz junge dicke Bohnen (gewaschen und
in Scheiben geschnitten)
4 mittelgroße Artischocken (von den harten

Blättern und Spitzen befreit, halbiert und in
Scheiben geschnitten)
4 Kartoffeln (geschält und in Stücke
geschnitten)
1 große Zwiebel (fein gewürfelt)
2 Strauchtomaten (geviertelt)
2 Zweige Majoran
1/2 Bund glatte Petersilie
2 Markknochen vom Kalb
1 Scheibe sobrasada
1 kleine butifarrón (siehe S. 16),
kleingeschnitten
1 Knoblauchknolle
1 Lorbeerblatt
Olivenöl
Salz und Pfeffer
(für 6–8 Personen)

Die Linsen 24 Stunden vor der Zubereitung einweichen, dann abkochen, in ein Sieb geben und abtropfen lassen. In einer *greixonera* oder einem gußeisernen Bräter Öl erhitzen und die Zwiebelwürfel glasig schmoren; die Tomaten, die Scheibe *sobrasada* und die kleingeschnittene *butifarrón* hinzugeben; noch einmal anschmoren, dann die Markknochen, die dicken Bohnen, das Lorbeerblatt, Petersilie und Majoran hinzufügen und mit einem Liter kaltem Wasser ablöschen. Langsam zum Kochen bringen. Sobald die Suppe zu kochen beginnt, die ganze ungeschälte Knoblauchknolle und die Kartoffeln hinzufügen. Den Topf zudecken und 25 Minuten köcheln lassen. Die Markknochen herausnehmen, das Mark durch ein Sieb drücken und in die *potaje* einrühren. Dann die gekochten Linsen hinzufügen, mit Salz und Pfeffer abschmecken und servieren. In manchen Dörfern reicht man dazu marinierten Fenchel. Als Getränk eignet sich ein frischer Rosé.

SOPA DE PATO DE LA ALBUFERA

ENTENSUPPE AUS ALBUFERA

La Albufera ist ein großes Süßwasserfeuchtbiotop auf Mallorca, das südlich von Alcudia im

Norden der Insel liegt. Die schmackhaftesten Enten Mallorcas kommen von dort und geben diesem Gericht seinen Namen. Heute ist La Albufera ein großes Naturschutzgebiet, das man besuchen und auch unter sachkundiger Führung durchqueren kann. Eine Ente aus La Albufera werden Sie also mit größter Wahrscheinlichkeit in Ihrer Suppe nicht mehr verwenden können, die trotzdem hervorragend schmecken wird.

Zutaten

1 Ente (ca. 1,5 kg)
1 Schinkenknochen (vom Jabugo-Schinken)
1 Zwiebel (gewürfelt)
2 Möhren (in Stücke geschnitten)
2 Selleriestangen (in Stücke geschnitten)
2 weiße Rüben (geachtelt)
1 große Stange Lauch (in Stücke geschnitten)
Thymian, Basilikum, Salbei (je 1 Bund)
Weißwein
Olivenöl, Salz und Pfeffer
(für 4 Personen)

Das Fleisch in Portionsstücken großzügig von der Ente abschneiden, so daß Fleischreste an den Knochen für die Herstellung der Brühe übrigbleiben. Aus der Hälfte der Kräuter (Thymian, Basilikum, Salbei) ein *bouqué garni* binden, mit den Knochen der Ente ins Wasser geben, salzen und pfeffern und zum Kochen bringen. So lange wie möglich köcheln lassen.

In einer *greixonera* oder einem gußeisernen Bräter Olivenöl erhitzen und darin das in Portionsstücke geschnittene Entenfleisch und den Schinkenknochen (den der Metzger zwei- dreimal zersägt hat) anbraten. Dann die Zwiebeln anschwitzen, mit einem Schuß Weißwein ablöschen, anschließend die restlichen Kräuter und die Gemüse (Möhren, Sellerie, Rübchen und Lauch) hineingeben. Etwas anschmoren lassen, dann die Entenbrühe durch ein Sieb hineinschütten. Bei kleiner Hitze ziehen lassen.

Eine Variante dieses Rezeptes läßt die Gemüse und die Entenstücke (wie beim *bollit*) ganz, und die Brühe wird separat serviert. Uns scheint die erste Variante attraktiver. Zu diesem Gericht paßt am besten ein Rotwein aus Binisalem.

ARROZ CON CARACOLES

REIS MIT SCHNECKEN

Schnecken und Reis sind zwei Säulen der mallorquinischen Küche, jede mit einer unendlichen Vielfalt der Zubereitung. Sicher ist Reis mit Schnecken eines *der* mallorquinischen Gerichte überhaupt. Leider ist nur bedingt zu empfehlen, die frischen Schnecken durch Dosenschnecken zu ersetzen, da das Gericht an Charakter verliert: diesen typischen Geschmack, den nur frische Schnecken dem Reis geben (siehe auch S. 11f.).

Zutaten

200 g Reis
10 bis 14 Schnecken pro Person
200 g Kaninchenfleisch (Vorderteil, in 8 Stücke
geschnitten)
4 mittelgroße Kartoffeln (gewürfelt)
25 g sobrasada (siehe S. 16)
3 kleine Frühlingszwiebeln (gehackt)
3 Tomaten (de ramallet, gehäutet und gewürfelt)
1 kleine scharfe Pfefferschote
2 Knoblauchzehen (in Scheiben geschnitten)
1 Bund glatte Petersilie
2 Stiele Fenchelkraut, etwas Majoran
1 Messerspitze scharfer, roter Paprika
Salz, Olivenöl
(für 4 Personen)

Die Schnecken zweimal gründlich unter dem Wasserhahn waschen. Anschließend mit Salzwasser und schließlich mit Essigwasser waschen. Abtropfen lassen und in eine große Schüssel legen. Mit wenig Wasser besprenkeln. Sobald die Schnecken feucht werden, kriechen sie aus ihren Häusern; diejenigen, die nicht herauskriechen, aussortieren und entfernen. Die verbliebenen Schnecken in einen Topf geben, zwei Finger hoch mit kaltem Wasser bedecken und alle Kräuter hinzufügen. Bei geringer Hitze ca. 50 Minuten köcheln.

In einer *greixonera* (oder einer gußeisernen Kasserolle) Olivenöl erhitzen, die gehackten Zwiebeln andünsten, *sobrasada* und Knoblauchzehen hinzufügen. Schmoren, bis die Flüssigkeit verdampft ist, dann die Kaninchenstücke hinzugeben und anschmoren, mit der Hälfte des Schneckenwassers ablöschen. Salzen, die Pfefferschote hinzugeben und ca. 15 Minuten köcheln lassen. Danach die gewürfelten Kartoffeln und den Reis einrühren. Die Schnecken hineingeben und mit dem restlichen Schneckenwasser ablöschen. Unter gleichmäßigem Rühren 15 bis 17 Minuten köcheln lassen. Das Gericht sollte etwas feuchter als ein Risotto sein, aber nicht suppig. Dazu paßt ein ehrlicher roter Tafelwein aus Mallorca.

ARROZ CON BACALAO

REIS MIT STOCKFISCH

Zunächst verwundert es natürlich, daß der getrocknete Stockfisch aus dem Norden Spaniens ausgerechnet auf Mallorca mit seinem Reichtum an frischen Mittelmeerfischen einen festen Platz auf dem winterlichen Speiseplan hat. Ein Grund ist sicher die Haltbarkeit und permanente Verfügbarkeit auch in Schlechtwetterperioden, wenn die Fischerboote in den Häfen bleiben müssen. Andererseits ist der eigenständige Geschmack des Stockfischs mit keinem anderen Fischgeschmack zu vergleichen. So hat sich *Arroz con bacalao* auf Mallorca einen Stammplatz unter den Reisgerichten gesichert.

Zutaten

200 g Reis
200 g Stockfischfilet
250 g grüne Bohnen
3 kleine Zwiebeln (gehackt)
4 Tomaten (gehäutet
und gewürfelt)
3 bis 4 Knoblauchzehen
1 ñora (siehe S. 15)
Olivenöl, Salz und Pfeffer
(für 4 Personen)

Den Stockfisch unter mehrmaligem Wechseln des Wassers 36 Stunden wässern. In das letzte Wasser einen Schuß frische Milch geben. Den Stockfisch mit einem Küchentuch trock-

nen, dann mit den Fingern auseinanderzupfen und bereitstellen.

In einer *greixonera* (ersatzweise eine gußeiserne Pfanne oder ein Bräter) Olivenöl erhitzen und bei mäßiger Hitze eine *ñora* andünsten. Die *ñora* (oder eine frische, scharfe, kleine Pfefferschote) herausnehmen, öffnen, die scharfen Samenkörner entfernen und die Schale in einen bereitgestellten Mörser geben. Die gehackten Zwiebeln, die gehäuteten und gewürfelten Tomaten sowie die Hälfte der Knoblauchzehen gestiftelt in das Öl geben und bei erhöhter Hitze anschmoren. Die gezupften Stockfischstücke hineingeben und andünsten. Mit einem Liter kaltem Wasser ablöschen und bei kleiner Hitze zum Kochen bringen. Die grünen Bohnen waschen, putzen, Fäden entfernen und halbieren. Sobald die Brühe aufkocht, die Bohnen und den Reis hineingeben und ca. 5 bis 7 Minuten weiterkochen; wenn dann weißer Wasserdampf hochsteigt, die Temperatur reduzieren und bei mäßiger Hitze 10 bis 12 Minuten köcheln lassen. Im Mörser die *ñora* mit der Petersilie und dem restlichen Knoblauch zerstampfen, etwas Brühe in den Mörser geben, verrühren, in die Brühe geben und abschmecken. Vorsicht mit Salz, der Stockfisch zieht kräftig nach, selbst wenn er ausgiebig gewässert wurde. Dazu ein kräftiger, kühler Weißwein aus Navarra oder dem Rioja.

ARROZ LECHOSO DE PALOMOS

REIS MIT TAUBEN

Für dieses Rezept benötigt man Zuchttauben, wie sie auf Mallorca auf jedem Wochenmarkt angeboten werden. Meistens sind die Tauben bereits gerupft und ausgenommen; man sollte jedoch die frischen Innereien der Tauben mitkaufen, da diese für das Rezept unerläßlich sind.

◁ *Stockfisch-Verkauf auf dem Markt in Palma Hafen von Palma bei Nacht* ▷▷

Zutaten

4 junge Zuchttauben
250 g Reis
250 g Champignons
250 g Waldpilze
3 Frühlingszwiebeln
4 Tomaten (gehäutet, entkernt und gewürfelt)
1 Knoblauchzehe (gehackt)
1 Stiel glatte Petersilie
4 dünne Ringe einer Peperoni (ohne Kerne)
Olivenöl, Schweineschmalz
Salz und weißer Pfeffer
(für 4 Personen)

Die Tauben waschen und trocknen. Die Innereien waschen und säubern. Die Tauben in vier Stücke zerlegen und zusammen mit den Innereien in einer *greixonera* oder einem gußeisernen Bräter von allen Seiten gleichmäßig anbraten. Den weißen, unteren Teil der Frühlingszwiebel kleinschneiden, die gehackte Knoblauchzehe, die gewürfelten Tomaten und den Reis hinzugeben. Alles unter ständigem Rühren gut anschmoren. Mit Wasser ablöschen (so daß alles knapp bedeckt ist) und 30 Minuten garen. Dann die Peperoni-Ringe, das kleingeschnittene Grün der Frühlingszwiebel und die halbierten oder geviertelten Champignons und Waldpilze hineingeben. Ungefähr 10 bis 12 Minuten köcheln lassen. Vom Feuer nehmen und im Ofen weitere 10 Minuten vor dem Servieren ziehen lassen. Probieren Sie dazu einen *Muscadet* von Ribas.

ARROZ MARINERA

REISSUPPE SEEMANNSART

Unter den Fischgerichten ist der *Arroz marinera* mit Sicherheit das bekannteste und beliebteste und daher auf den Menükarten aller Restaurants zu finden, die mehr als zwei Fischgerichte anbieten. Wie bei allen populären und beliebten Gerichten ist es auch beim *Arroz marinera* schwer, diesen gut zubereitet im Restaurant zu bekommen, da es meistens an der nötigen Sorgfalt und den frischen Zutaten mangelt; nur zu

oft werden Reste genommen, wo frische Zutaten unabdingbar sind. Frisch und sorgfältig zubereitet, ist dieses Reisgericht eine Delikatesse, die den ganzen Reichtum des Mittelmeeres auf den Tisch bringt.

Zutaten für den Fond

400 g kleine Fische mit Innereien
1/2 Bund glatte Petersilie
2 Strauchtomaten
2 Stangen Lauch (kleingeschnitten)
1/2 Zwiebel
2 Stück Staudensellerie
1 Stiel Fenchelkraut (oder Triebe einer Fenchelknolle)

Übrige Zutaten

2 mittelgroße Tintenfische
4 Stück Kaisergranat
4 Scampi
350 g Seeteufel
12 Venusmuscheln
12 Miesmuscheln
200 g Reis
3 Knoblauchzehen (kleingehackt)
1/2 Zwiebel (gewürfelt)
1 Tomate (gehäutet und gewürfelt)
4 Stiele Petersilie (feingehackt)
Olivenöl
Paprikapulver (scharf)
6 Fäden Safran
Salz und weißer Pfeffer
(für 4 Personen)

Zunächst mit den kleinen Fischen, der Petersilie, den Tomaten, den geschnittenen Lauchstangen, der halben Zwiebel, den Staudensellerie und dem Fenchel einen Fond bereiten, indem man die Gemüse in Olivenöl anschwitzt, die Fische hinzugibt und mit kaltem Wasser auffüllt. Den Fond köcheln lassen. Mit Safran, Paprikapulver, Salz und Pfeffer abschmecken.

Die Tintenfische säubern und in Ringe schneiden. In einem gußeisernen Topf Olivenöl erhitzen und die Tintenfischringe darin leicht braun anbraten. Die Zwiebelwürfel und eine kleingehackte Knoblauchzehe sowie die Tomatenwürfel und das Paprikapulver hinzugeben. Den Fischsud passieren und dazu geben. 10 Minuten köcheln lassen, dann den Reis, den in Portionsstücke geschnittenen Seeteufel und die gut geputzten Venus- und Miesmuscheln in die Suppe geben. Bei niedriger Hitze garen lassen. 5 Minuten vor Ende der Garzeit Scampi und Kaisergranat hineingeben.

Zwei Knoblauchzehen und etwas gehackte Petersilie in einem Mörser zerdrücken. Salz, Pfeffer, Paprikapulver und zwei Safranfäden hinzufügen und hineinstampfen. Mit etwas Sud im Mörser vermischen und am Ende der Garzeit in die Suppe geben.

Der *Blanc Pescador*, ein nicht ganz trockener, etwas fruchtiger Wein, der unter dem Markennamen *Copiña* verkauft wird, paßt am besten dazu.

ARROZ NEGRO

SCHWARZE PAELLA

Der *Arroz negro* ist eines von vielen Gerichten, deren Ursprung auf den Fischerbooten und Kais der Fischerhäfen zu suchen ist. Diesen Gerichten (z. B. *Arroz marinera*) ist gemeinsam, daß eine einzige Feuerstelle für die Zubereitung des Essens ausreicht. Reis spielt dabei oft eine Rolle und natürlich der frisch gefangene Fisch, in diesem Fall der Tintenfisch mit seiner Tinte, die dem Reis die schwarze Farbe gibt.

Zutaten

400 g Paellareis
1 frischer Tintenfisch von 200 bis 300 g
400 g kleine Suppenfische
2 große Fleischtomaten
(oder zwei kleine mallorquinische Winter-
tomaten: tomate de ramallet*)*
2 grüne, längliche Paprikaschoten (gewürfelt)
2 mittelgroße Zwiebeln (gewürfelt)
1 Knoblauchknolle, ca. 12 Zehen
1 ñora (siehe S. 15)
ersatzweise eine halbe, kleine, scharfe Pfeffer-
schote, entkernt
1 kl. Bund glatte Petersilie
Olivenöl, Salz und weißer Pfeffer
(für 4–6 Personen)

Die Zwiebeln, Tomaten und die grünen Paprikaschoten in kleine Würfel schneiden. Falls Fleischtomaten verwendet werden, Kerne und Zwischenwände entfernen. Den Boden eines Topfes mit Olivenöl bedecken. Die Tomaten und gut die Hälfte der gewürfelten Paprikaschoten und Zwiebeln in das erhitzte Öl geben. Die *ñora* bzw. die kleine, scharfe Pfefferschote gehackt oder zerrieben, falls sie getrocknet war, hinzufügen. Auf die angedünsteten Gemüse die geputzten, unter kaltem Wasser abgespülten, kleinen Suppenfische geben. Zwei Minuten mitdünsten, salzen und pfeffern, danach alles mit 2 Liter kaltem Wasser ablöschen, langsam zum Kochen bringen und dann vor sich hin köcheln lassen.

Unterdessen die Tintenfische säubern. Den Tintenbeutel bzw. die Tinte separieren und in einem Schälchen bereithalten. Den Tintenfisch in kleine Würfel schneiden und in der Paellapfanne anbraten, bis er eine goldgelbe Färbung annimmt, dann die andere Hälfte der gewürfelten Zwiebeln hinzufügen. Die Tinte sowie die in feine Scheiben geschnittenen Knoblauchzehen unterziehen, bis die Tinte sich verteilt hat und die Zwiebeln glasig geworden sind. Die Hitze verringern, den Reis hinzufügen und drei Minuten lang anschwitzen bevor mit dem noch warmen, reduzierten Fischsud aufgegossen wird. Nach mehrmaligem Rühren bei kleiner Hitze, je nach Reisqualität, 11 bis 14 Minuten köcheln lassen (die Reiskörner sollten noch Biß haben). Gehackte Petersilie und die gewürfelten grünen Paprika hinzugeben und 3 weitere Minuten ziehen lassen. Abschmecken und servieren. Ob Knoblauch benutzt wird bzw. welche Menge, oder ob man frische Zitrone auf die dampfende Paella träufelt, ist Geschmackssache. Dazu paßt ein nicht allzu kalter, schwerer Weißwein aus dem Rioja oder ein gekühlter, leichter Roter aus dem Penedés (Abb. S. 2/3).

FIDEOS CON AGUJAS

HORNHECHT MIT NUDELN

Der Hornhecht zieht mit seiner langen, schlanken Form und seinem lanzenartig verlängerten Kiefer auf dem Fischmarkt die Aufmerksamkeit auf sich. Sein fettes Fleisch hat dazu geführt, daß er meistens gegrillt oder fritiert wird, was aber seinem differenzierten Geschmack nicht schadet. Bei diesem Gericht kann der Hornhecht sein Aroma voll entfalten. Für Köche, die den Hornhecht noch nie verarbeitet haben, sei hier noch angemerkt, daß die Gräten grünlich sind.

Zutaten

500 g frischer Hornhecht
150 g Nudeln
(z. B. feine Hartweizen-Tagliatelle, in 4 cm lange
Stücke gebrochen)
1 Gemüsezwiebel (gehackt)
2 Strauchtomaten (gewürfelt)
2 Knoblauchzehen (geschält und in Scheibchen
geschnitten)
1 große Kartoffel (in kleine Würfel geschnitten)
100 g frische Erbsen
mehrere Stiele glatte Petersilie (gehackt)
1 Stiel Thymian
5 Fäden Safran
Olivenöl
schwarzer Pfeffer aus der Mühle, Salz
(für 4 Personen)

Den Hornhecht sorgfältig säubern und ungehäutet in kleine Portionsstücke schneiden. Die frischen Erbsen mit Wasser bedecken und zur Seite stellen. Die gehackte Zwiebel in einer *greixonera* oder einem gußeisernen Bräter in heißem Olivenöl glasig werden lassen. Die gewürfelten Tomaten und die Hälfte der Knoblauchscheibchen hinzufügen; andünsten. Mit vier Tassen kaltem Wasser ablöschen, salzen und pfeffern. Sobald der Fond aufkocht, die Kartoffeln und die Erbsen hinzufügen. Nach 7 Minuten die Nudeln und den Hornhecht hineingeben.

Separat in wenig Olivenöl die restlichen Knoblauchscheibchen andünsten. Die Safranfäden und den Thymian dazugeben und mit etwas Brühe aus der Kasserolle löschen. Diese Soße dann kurz vor dem Servieren über den Hornhecht mit Nudeln schütten und unterziehen. Die gehackte Petersilie darübergeben. Ein kalter *Chardonnay* aus Consell paßt gut dazu.

FIDEOS CON ANGUILAS

NUDELN MIT AAL

Weitgehend unbekannt ist, daß die Insel Mallorca in Albufera auch über einen Süßwasserfischbestand verfügt und sich die Süßwasseraale - die man für dieses Rezept benötigt - großer Beliebtheit erfreuen. Bei vielen dörflichen Festen werden die Aale auf die salzigen Blechkuchen mit Spinat gegeben (*Espinagadas*, Rezept Seite 51).

Zutaten

250 g Nudeln (in ca. 5 cm lange Stücke
gebrochene Spaghetti oder Tagliatelle)
600 g Kaninchen (vordere Hälfte)
1 kg frischer Süßwasseraal
2 große, reife Tomaten (gehäutet, entkernt und
gewürfelt)
1 große Zwiebel (mittelfein gehackt)
1 Stange Lauch
1 große, halbierte und in Scheiben geschnittene
Artischocke
1 Knoblauchzehe
1 Bund glatte Petersilie (feingeschnitten)
Brandy
Olivenöl
Paprikapulver (edelsüß), Salz und Pfeffer
(für 6 Personen)

Den oder die Aale putzen und in 3 bis 4 cm große Stücke schneiden. Die Stücke in einen Topf geben und zwei Finger hoch mit kaltem Wasser bedecken. Die in Scheiben geschnittene Knoblauchzehe mit der feingeschnittenen Petersilie im Mörser zerstampfen *(picada)* und zur Hälfte in das Wasser geben. Ebenfalls eine der beiden gewürfelten Tomaten sowie einen Schuß Brandy, Paprikapulver (edelsüß), Salz und Pfeffer ins Wasser geben und alles bei kleiner Hitze zum Kochen bringen. Sobald die Aale gar sind (je nach Dicke 11 bis 15 Minuten), die Aalstücke aus der Brühe nehmen und die Brühe zur Seite stellen.

Inzwischen die Kaninchenhälfte entbeinen und das Fleisch gleichmäßig in mittelgroße Stücke schneiden, um es dann in einer Kasserolle mit etwas Olivenöl anzuschmoren. Die zweite in Würfel geschnittene Tomate zusammen mit der mittelfein gehackten Zwiebel hinzugeben und leicht anschmoren. Mit fünf Tassen Aalbrühe ablöschen und langsam aufkochen lassen. Die von den äußeren Blättern und den harten Spitzen befreite in Scheiben geschnittenen Artischocke zusammen mit den Nudeln ins Wasser geben. Die restliche Knoblauch-Petersilien-Mischung aus dem Mörser hinzuge-

ben und, je nach Nudelsorte, 7 bis 11 Minuten unter Hinzufügen von Brühe, garkochen. Anschließend die gekochten Aalstücke hinzufügen. Vor dem Servieren den Topf 2 Minuten mit einem Deckel schließen und ziehen lassen. Das Gericht sollte feucht bis naß aber nicht suppig sein. Dazu ein leichter Roséwein oder ein kräftiger weißer.

FIDEOS DE VERMAR

NUDELN VERMAR

Die Weinlese *(vermar)* feiert man in der Hochburg der Weinproduktion, in Binisalem, am letzten Sonntag im September. Dort wird dann die schönste und größte Traube der Ernte prämiert. Weinverkostungen finden statt, und das Festtagsessen schlechthin sind *Fideos de vermar*. In diesem Gericht spiegeln sich die Jahreszeit

(Wildkaninchen oder Hase) und der Anlaß (Weinlese/Schnecken) wider.

Zutaten

200 g Nudeln (kleine Bandnudeln in Stücke gebrochen)
400 g Wildkaninchen oder Hase (entbeint und in Stücke geschnitten)
500 g Schnecken (siehe S. 12)
1 große Zwiebel (gewürfelt)
4 Tomaten (gehäutet, entkernt und gewürfelt)
2 ñoras (siehe S. 15) oder 1 kleine Chilischote ohne Kerne
50 g sobrasada (siehe S. 16) oder gewürfelten, durchwachsenen Speck
2 Knoblauchzehen (geschält)
5 Stiele glatte Petersilie (feingehackt)
Olivenöl, Salz und Pfeffer
Oregano, 2 Minzeblätter, Fenchelsamen
(für 6–8 Personen)

In einer *greixonera* (oder einer gußeisernen Kasserolle) Olivenöl erhitzen und das gewürfelte Kaninchenfleisch von allen Seiten anbraten. Die *ñoras* (oder die kleine Chilischote) kurz hinzugeben und dann wieder herausnehmen und in einem Mörser (die Chilischote ohne Kerne) mit den Knoblauchzehen und der Petersilie zerstampfen.

Zu dem angeschmorten Kaninchenfleisch die *sobrasada* (wenn man durchwachsenen Speck benutzt, sollte dieser mit dem Kaninchenfleisch angebraten werden) und die gewürfelten Zwiebeln und Tomaten hinzufügen und schmoren lassen.

Die sorgfältig gewaschenen und gesäuberten Schnecken mit gut einem Liter Wasser, etwas Oregano, zwei feingehackten Minzeblättern und einem Teelöffel Fenchelsamen köcheln lassen.

Das angeschmorte Kaninchen mit dem Kochwasser der Schnecken ablöschen, kurz aufkochen und die Nudeln hineingeben; 12 bis 15 Minuten kochen und mit den *ñoras*, der Petersilie, dem Knoblauch aus dem Mörser sowie Salz und Pfeffer abschmecken. Dazu trinkt man natürlich Rotwein aus Binisalem.

CAZUELA DE HUEVOS DE CODORNIZ

GEMÜSETOPF MIT WACHTELEIERN

Die schmackhaften kleinen Wachteleier finden hier in der *Cazuela* ein Gemüsenest, das ihren Geschmack hervorhebt.

Zutaten

48 Wachteleier
1 große Zwiebel (kleingewürfelt)
2 große Tomaten (gehäutet, entkernt und kleingeschnitten)
250 g grüne Bohnen (in gleichgroße Stücke geschnitten)
250 g Erbsen (frisch ausgehülst)
4 kleine Artischocken (kleingeschnitten)
3 Kartoffeln (geschält und gewürfelt)
1/2 l Geflügelbrühe
2 Zweige Minze
4 Fäden Safran
Salz und Pfeffer (weiß)
(für 4 Personen)

In einer *greixonera* oder einem gußeisernen Topf Olivenöl erhitzen und die Zwiebeln anschmoren, bis sie glasig werden. Die Tomaten hineingeben, kurz weiter schmoren und dann Zwiebeln und Tomaten mit einem Schaumlöffel herausnehmen. Die Gemüse (Bohnen, Erbsen und Artischocken) im gleichen Topf bei geringer Hitze andünsten. Auch herausnehmen. Jetzt die gewürfelten Kartoffeln darin anbraten, zunächst die Zwiebeln und Tomaten, dann die angedünsteten Gemüse darüber geben, die feingehackte Minze und die Safranfäden dazugeben, salzen und pfeffern und die Geflügelbrühe darüberschütten. Bei geringer Hitze ziehen lassen.

Die Wachteleier 8 Minuten kochen, abschrecken und pellen. Dann die noch warmen Eier halbieren und über die Cazuela geben. Sofort servieren. Ein *Cabernet Sauvignon* aus Binisalem paßt zu diesem Gemüsetopf.

HUEVOS FRITOS CON AJOS

GEBRATENE EIER MIT KNOBLAUCH

Das mallorquinische Schnellgericht ist geschmacklich eine richtige Überraschung. Kein Liebhaber deftiger Kost sollte dieses Rezept auslassen.

Zutaten

8 Eier
5 große Kartoffeln
2 ganze Knoblauchknollen
Olivenöl
Salz
(für 4 Personen)

Die Knoblauchzehen aus den Knollen herausbrechen und mit der Spitze nach oben zwischen Daumen und Zeigefinger, mit der Wurzel zur Tischplatte drücken, bis die Zehe seitlich aufplatzt. Die Schale nicht entfernen! Die Kartoffeln schälen, halbieren und in Scheiben schneiden. In einer gußeisernen Pfanne zwei Finger hoch Olivenöl erhitzen und die Kartoffeln mit der Hälfte der Knoblauchzehen darin fritieren. Auf Küchenpapier abtropfen lassen, währenddessen das Öl noch einmal stark erhitzen und den Vorgang wiederholen. Danach die Kartoffeln und den Knoblauch nochmals abtropfen lassen und warmstellen. Dann in derselben Pfanne jeweils zwei Eier und ein Viertel der verbliebenen Knoblauchzehen braten, dabei mit einem Löffel immer wieder heißes Olivenöl über die Eier geben. Die fertigen Eier jeweils auf den Tellern mit den fritierten Kartoffeln und Knoblauchzehen anrichten. Salzen und servieren. Dazu paßt am besten ein frisch gezapftes Bier (*caña*).

HUEVOS A LA SOLLER

EIER NACH ART SOLLERS

Die Stadt Sóller, umgeben von hohen Bergen, ist mit Palma durch die einzige Bahnlinie der Insel verbunden. Traditionell haben die Einwohner Sóllers eine starke Bindung an Frankreich, wo in den vergangenen zwei Jahrhunderten viele Mallorquiner aus Sóller ihr Glück gemacht haben. Französisch ist bei vielen alten Einwohnern der Stadt immer noch lebendige Zweitsprache.

Das Gemüsepüree, auf dem die *Huevos a la Sóller* angerichtet werden, wurde mit großer Wahrscheinlichkeit aus Frankreich importiert.

Zutaten für das Püree

2 große Möhren
300 g ausgeschotete Erbsen
4 kleine Stangen Lauch
100 ml Sahne
Muskatnuß, Pfeffer, Salz

Zutaten für die Eier

8 frische, große Eier
8 Scheiben sobrasada *(siehe S. 16)*
Olivenöl und Schweineschmalz
(für 4 Personen)

Möhren und Lauchstangen in Stücke schneiden und zusammen mit den Erbsen in etwas Wasser rund 20 Minuten kochen. Das gekochte Gemüse aus dem Wasser nehmen und passieren. Sahne und Kochwasser hinzufügen, bis das Püree glattgerührt ist. Mit Muskatnuß, Salz und Pfeffer abschmecken. Im Ofenrohr warmstellen.

Zunächst die *sobrasada* in einer großen Pfanne mit Olivenöl und etwas Schweineschmalz braten. Auf einem Küchentuch abtropfen lassen und mit dem Püree warmstellen. In derselben Pfanne die Eier von einer Seite braten, während sie mit einem Löffel immer wieder von oben mit heißem Öl übergossen werden. Portionsweise das Püree mit zwei Scheiben *sobrasada* und zwei Spiegeleiern anrichten.

Dazu paßt gut ein kühles Bier vom Faß (*caña*).

TORTILLA DE ALCACHOFAS Y AJOS TIERNOS

OMELETT MIT ARTISCHOCKEN UND JUNGEM KNOBLAUCH

Junger Knoblauch, seinem Aussehen nach der Frühlingszwiebel sehr ähnlich, gibt dieser Tortilla den speziellen Geschmack, der so unverwechselbar ist und wunderbar zur Artischocke paßt. Eine himmlische Tortilla!

Leider findet man Tortillas mit mehreren Zutaten selten in mallorquinischen Gasthöfen, dort werden fast ausnahmslos Tortillas entweder mit Artischocken oder mit jungem Knoblauch angeboten. Niemand konnte das erklären. »Es así!« Es ist einfach so. Nun, man kann ja auch zu Hause Tortillas machen oder im Gasthof seine Variante ausdrücklich bestellen.

Zutaten

8 Eier
500 g junge, zarte Artischocken
6 kleine, junge Zwiebeln (nur das Weiße)
2 junge Knoblauchzwiebeln (mit dem Grün)
Olivenöl
Zitrone
Salz und Pfeffer
(für 4 Personen)

Bei den Artischocken die äußeren harten Blätter und die Spitzen entfernen und das Heu im Inneren mit einem Kaffeelöffel herausholen; dann die Artischocken vierteln und mit Zitronensaft beträufeln, damit die Schnittstellen nicht anlaufen. Die Zwiebeln halbieren und in Scheiben schneiden. Den Knoblauch ebenfalls halbieren und in Streifen schneiden. In einer gußeisernen Pfanne etwas Olivenöl erhitzen. Zwiebeln, Artischocken und Knoblauch von allen Seiten kurz anbraten. Die Eier in einer Schüssel verquirlen und den Inhalt der Pfanne hineingeben. Salzen und pfeffern.

Die Pfanne auswischen und mit etwas Olivenöl wieder auf den Herd stellen. Die Eiermasse hineingeben und von beiden Seiten bei mittleren Temperaturen gleichmäßig garen. Tortillas müssen innen weich sein, von außen leicht gebräunt. Zu dieser Tortilla paßt getoastetes *pan moreno* und ein Glas kalter Roséwein.

TORTILLA DE ESPARRAGOS SILVESTRES

OMELETT MIT WILDEM, GRÜNEM SPARGEL

In der Spargelzeit stehen Mädchen und Jungen an den Straßen und winken mit frisch geschnittenem, wilden Spargel den Autofahrern zu. Auch auf den Märkten wird Spargel angeboten. Meistens ist er schnell verkauft; wilder Spargel erfreut sich großer Beliebtheit auf Mallorca. Das ist leicht zu verstehen, wenn man eine dieser köstlichen Tortillas mit frischem, wilden Spargel gegessen hat.

Zutaten

4 Bund wilder, grüner Spargel
8 Eier
1 Knoblauchzehe
1 Bund frische, glatte Petersilie
Olivenöl

(Mitteleuropäer bevorzugen hier möglicherweise
Butter wie sie auch von den Italienern für ein
ähnliches Rezept verwendet wird. Geschmacks-
sache. Man sollte jedoch Olivenöl probieren, um
vergleichen zu können)
Salz
(für 4 Personen)

Die holzigen Enden der Spargel abschneiden,
den verbleibenden Rest in ca. 3 cm große
Stücke schneiden, wobei die Spargelköpfe sepa-
riert werden. Die Knoblauchzehe und die Petersilie hacken und getrennt zur Seite stellen. Die
Spargelstücke in einer Pfanne mit etwas Olivenöl bei mäßiger Hitze ohne die Köpfe anschwenken, 2 Minuten später 4 Eßlöffel Wasser
und die Spargelköpfe hinzufügen und wieder

1 Minute danach den feingehackten Knoblauch
dazugeben. Die Pfanne von der Kochstelle nehmen und die gehackte Petersilie unterziehen.
Mit einem Deckel schließen.

Die 8 Eier in eine Schüssel schlagen und
Salz hinzufügen. Dann den Inhalt der Pfanne
unter die Eier geben. Die Pfanne auswischen
und mit etwas Olivenöl wieder auf die Kochstelle setzen. Den Inhalt der Schüssel in die
Pfanne geben. Die Tortilla unter vorsichtigem
Lüften der stockenden Eimasse gleichmäßig garen. Mit Hilfe eines Tellers wenden. Innen sollte die Tortilla weich, fast flüssig sein, außen ge-
stockt und ganz leicht gebräunt. Dazu passen
am besten ein Glas frisches, kaltes Brunnenwasser und ofenfrisches Bauernbrot.

TORTILLA DE ESPINACAS Y BERENJENAS

SPINAT-AUBERGINEN-OMELETT

Eine ungewöhnliche Kombination, die zunächst nicht einleuchten will, aber im Geschmack überzeugt.

Zutaten

1 großes Bund Spinat
4 kleine, weiche Auberginen
8 Eier
Olivenöl, Schweineschmalz
Salz und Pfeffer
(für 4 Personen)

Den Spinat gut waschen, Stiele entfernen und Spinat in Streifen schneiden. In einer Kasserolle mit viel Wasser blanchieren. In einem Sieb abtropfen lassen und warmstellen.

Die Auberginen schälen, vierteln und in Scheiben schneiden, in einer gußeisernen Bratpfanne in Olivenöl und etwas Schweineschmalz anschmoren. Kurz bevor die Auberginen gar sind, die abgetropften Spinatstreifen hinzugeben. Untermischen und mit Salz und Pfeffer abschmecken.

Die Eier schlagen und Auberginen und Spinat unterziehen. Nochmals nachwürzen. In einer gußeisernen Pfanne etwas Olivenöl erhitzen und darin die Tortilla von beiden Seiten braun anbraten (wenden mit Hilfe eines Tellers). Innen muß die Tortilla sämig bleiben. Probieren Sie dazu ein Glas Weißwein - der nicht ganz trocken zu sein braucht.

TORTILLA DE VERDURAS

OMELETT MIT GEMÜSEN

Dieses Omelett ist typisch für die Tapa-Theke einer Bar auf dem Marktplatz am Tag des Marktes. Eine Abwechslung zur *Tortilla española* (mit Kartoffeln), die dort täglich im Angebot ist. So ist dieses Rezept auch nur eines von vielen möglichen, denn schließlich bestimmt der Markt hier die Zutaten. Im übrigen ist es sicher ein guter Rat, an den Markttagen (siehe Übersicht im Anhang) in den örtlichen Kneipen um den Markt herum zu essen, denn dort werden dann die *cazuelas*, die Würste und *sopas* angeboten, die so unverwechselbar mallorquinisch sind und den Geschmack der frischen Produkte der Insel so kräftig und frisch in sich tragen. Dort, in diesen kleinen Bars und Restaurants, finden Sie die authentische Küche Mallorcas. Zurück zu unserer Gemüsetortilla.

Zutaten

8 Eier
2 Möhren (geschält, halbiert und in Scheiben geschnitten)
1 Bund Winterzwiebeln (geachtelt)
1/2 Blumenkohl (in Röschen)
4 Artischocken (geachtelt und gesäubert)
4 große Kartoffeln (geschält, halbiert und in Scheiben geschnitten)
1 ganze Knoblauchknolle
4 Stiele glatte Petersilie
Fenchelkraut, Oregano, Salz und Pfeffer
Olivenöl
(für 4 Personen)

Die Knoblauchknolle öffnen und die einzelnen Zehen mit den Spitzen nach oben zwischen Zeigefinger und Daumen mit der Wurzel nach unten drücken, bis sie aufplatzen, Schale nicht entfernen. In einer gußeisernen Pfanne zwei Finger hoch Olivenöl erhitzen. Die Kartoffeln, Knoblauchzehen, Möhren, die geschnittenen Winterzwiebeln und die Artischockenachtel hineingeben, einige Minuten braten, dann die Blumenkohlröschen dazugeben; weitere drei bis vier Minuten garen und anschließend herausnehmen, abtropfen lassen und auf einem Küchentuch zur Seite stellen. In einem Mörser Petersilie, Fenchel und Oregano zerdrücken. Die Eier mit den Kräutern verquirlen, das Gemüse unter die Eier ziehen und alles in die heiße Pfanne geben. Die Tortilla zunächst von einer Seite braun anbraten und mit Hilfe eines Tellers wenden, dann von der anderen Seite garen. Innen sollte die Tortilla noch sämig sein, außen fest. Kräftiger, einfacher Landrotwein paßt zu dieser Tortilla.

GEMÜSE

ALCACHOFAS A LA PARILLA

GEGRILLTE WILDE ARTISCHOCKEN

Im Frühjahr und im Herbst tauchen an den Feldrainen und in den Gärten wilde Artischokken auf, die durch ihre tiefblauen, ins Lila changierenden Töne ins Auge fallen. Gelegentlich werden sie auf Wochenmärkten angeboten. Am besten schmecken sie jedoch frisch geschnitten und auf einem heruntergebrannten Holzfeuer im Freien gegrillt. Eine Grillpfanne oder Grillplatte tut es zur Not auch.

Zutaten

6 wilde Artischocken pro Person
Olivenöl
Zitronen
Salz und Pfeffer
Pan moreno (oder Mischbrot, das sich zum Toasten eignet)

Zunächst Deckblätter entfernen und die Artischocken am Boden fast bündig (3 bis 5 mm Überstand) abschneiden und dann senkrecht halbieren. Pro Person zwei Scheiben *pan moreno* bereitlegen. Holzfeuer herunterbrennen lassen, den Grillrost in die weiße Glut stellen. Artischockenhälften mit der Schnittseite nach unten trocken auf den Rost legen (ca. 7–9 Min.), Artischocken wenden. Vorsichtig Olivenöl in die jetzt mit der Innenseite nach oben liegenden Artischocken träufeln. Nach weiteren 5 Minuten salzen, pfeffern und etwas Zitronensaft hinzugeben.

Die gleichzeitig gerösteten Brotscheiben auf einer Platte auslegen. Die Artischocken in mehreren Lagen mit den Schnittflächen nach unten auf das Brot türmen. Mit einer weiteren Platte abdecken. Leicht andrücken, dann servieren. Die leicht angebrannten Deckblätter entfernen. Die untere Hälfte der Artischocke kann komplett gegessen werden. Je nach Geschmack kann das geröstete Brot, bevor es mit den Artischockenhälften belegt wird, mit einer Knoblauchzehe eingerieben werden. Dazu paßt frischer kalter Roséwein, am besten aus Binisalem.

BERENJENAS AL AJO

AUBERGINEN MIT KNOBLAUCH

Die dicken, lila glänzenden Auberginen dominieren mit den tiefroten Tomaten die Gemüsestände auf den Märkten, springen ins Auge und verführen zum Kauf. Greifen Sie zu. Hier ist ein einfaches, schmackhaftes Gericht:

Zutaten

3 große Auberginen
3 Knoblauchzehen (kleingeschnitten)
1 Eßlöffel Mehl
1 Tasse Fleischbrühe
2 Eßlöffel leichter Rotweinessig
1 Tasse Tomatensauce
Salz
100 ml Olivenöl
(für 3 Personen)

Die Auberginen schälen und den Strunk entfernen. Dann längs in 1 cm dicke Scheiben schneiden und umgehend in einer gußeisernen Pfanne mit der Hälfte des Olivenöls von beiden Seiten kurz und scharf anbraten.

In einem feuerfesten Topf den Rest des Olivenöls erhitzen, die kleingeschnittenen Knoblauchzehen anschwitzen, mit dem Mehl bestäuben, unterrühren, bis das Mehl leicht Farbe annimmt, und mit der Tomatensauce ablöschen. Kurz aufwallen lassen und die Brühe hineingeben, aufkochen und nach 5 Minuten die angebratenen Auberginenscheiben in die Sauce geben. Mit dem Rotweinessig abschmecken und weitere 10 Minuten bei kleiner Hitze mit Deckel köcheln lassen. Trinken Sie dazu frischen, wenn möglich neuen Rotwein (*vino joven*).

COCA DE PIMIENTOS ROJOS

BLECHKUCHEN MIT ROTEN PAPRIKASCHOTEN

Die Blechkuchen (*cocas*) sind in allen *hornos* und Bars in unzähligen Variationen erhältlich. Oft macht man es sich jedoch einfach und benutzt den Standardteig (siehe *Espinagada*, Seite 51) und wechselt nur den Belag. Je nach Belag ändert sich jedoch der Teig. Dieses Rezept ist ein schönes Beispiel dafür. (Gute *hornos* erkennt man daran, daß sie für die verschiedenen *cocas* auch verschiedene Teige benutzen).

Zutaten

Für den Teig:
500 g Mehl (Typ 405)
20 g Hefe
1 Prise Salz
100 ml Orangensaft
50 ml lauwarmes Wasser
100 g Schweineschmalz

Für den Belag:
4 große, rote Paprikaschoten
2 Knoblauchzehen
100 ml Olivenöl
Salz und Pfeffer (schwarz)
(für 4–6 Personen)

Für den Teig zunächst die Hefe in lauwarmem Wasser auflösen, mit 1 Prise Zucker und 1 Eßlössel Mehl verrühren, zur Seite stellen

und gehen lassen. Die Hälfte des Schweineschmalzes mit dem Ei verkneten. Das Mehl auf die Tischplatte geben, in der Mitte eine Vertiefung eindrücken, den Vorteig hineingeben und nach und nach das Schweineschmalz mit dem Ei und dem angewärmten Orangensaft hinzugeben und unterkneten, bis ein nicht zu trockener, geschmeidiger Teig entsteht, der zum Aufgehen zur Seite gestellt wird.

Die Paprika in einem gut vorgeheizten Backofen (200 °C) etwa 30 Minuten backen, enthäuten und in Streifen schneiden. Die Knoblauchzehen schälen und in Scheiben schneiden, unter die Paprikastreifen mischen, salzen und pfeffern. Das rechteckige Backblech mit dem restlichen Schweineschmalz bestreichen, den Teig ausrollen und auf das Blech geben. Die Paprikastreifen und den Knoblauch auf dem Teig verteilen und im heißen Backofen (220 °C) ca. 30 Minuten backen. Nach dem Herausnehmen mit Olivenöl beträufeln. Kann warm und kalt serviert werden. Ein kräftiger, roter Landwein aus Binisalem oder Consell, der im Sommer auch gekühlt sein darf, paßt dazu.

COCARROIS DE ESPINACAS

SPINATTASCHEN

Dieses Rezept hat seinen Ursprung im Mittelalter und wird heute noch genauso wie vor Hunderten von Jahren zubereitet. Die *cocarrois*, ursprünglich ein Essen jüdischer Tradition, findet man heute noch in vielen Bäckereien in den verschiedensten Formen, am häufigsten jedoch ist die Form des Halbmondes und das halbe Oval. Am besten schmecken die *cocarrois* frisch, wenn sie ausgekühlt sind.

Zutaten

Für den Teig:
250 g Mehl (Typ 405)
200 ml Olivenöl
100-200 ml lauwarmes Wasser

Für die Füllung:
2 Bund frischer Spinat
2 Frühlingszwiebeln
20 g Pinienkerne
20 g Rosinen
50 ml Olivenöl
1/2 Stiel Thymian
Salz
1 Ei
(ergibt 4 Stück)

Zunächst 100 ml lauwarmes Wasser und 200 ml handwarmes Olivenöl mit einem Handmixer verrühren, bis eine Emulsion entsteht. Nach und nach das Mehl hineingeben und zu einem Teig verarbeiten. Bei Bedarf Wasser zugeben. Den fertigen Teig mit Mehl bestreuen und zur Seite stellen.

Den Spinat verlesen, waschen, die Stiele herausschneiden und den Spinat in Streifen schneiden. Die Frühlingszwiebeln schneiden, mit Rosinen, Pinienkernen, Salz, Thymian und Öl vermischen und beiseite stellen. Den Teig in 4 Portionen teilen, Kugeln formen und mit der Küchenrolle zu Fladen ausrollen. Die Füllung in

Landschaft bei Felanitx

die Mitte geben, die Seiten hochschlagen, oben zusammenführen und schließen. Jede gewünschte Form ist möglich. Mit etwas Eigelb bestreichen und im vorgewärmten Backofen bei mittlerer Temperatur (ca. 150 °C) 40 Minuten lang backen. Warm servieren. Probieren Sie dazu einfachen roten Landwein; auch ein frisches Bier paßt dazu.

COLIFLOR AUFEGADA

ERTRUNKENER BLUMENKOHL

An Markttagen sind die Tapa-Theken in den kleinen Bars um den Marktplatz herum besonders einladend und voll, und zum üblichen Angebot kommen einige Tapas hinzu, die vom Markt bestimmt werden: Gemüse der Saison und kleine, frische Fische in pikanter Sauce. Wenn man alles einmal probieren möchte, bestellt man ein *variado*. Dann bekommt man eines dieser Tapaschälchen randvoll und turmhoch bepackt mit einem Querschnitt von der Tapa-Theke. Manchmal ist auch ›Ertrunkener Blumenkohl‹ dabei, der sich hervorragend als Vorspeise für ein mallorquinisches Menü eignet.

Zutaten

1 Blumenkohl
2 Knoblauchzehen
(geschält und in feine Scheiben geschnitten)
80-100 g Rosinen (siehe S. 15)
100 ml Olivenöl
schwarzer Pfeffer und Salz

Den Blumenkohl putzen und in Röschen zerlegen und in kochendem Wasser 5 Minuten blanchieren. In einer *greixonera* das Öl erhitzen, den Knoblauch und die Rosinen hineingeben und goldbraun braten. Die Blumenkohlröschen hineingeben, salzen, pfeffern und mit etwas Kochwasser ablöschen. Bei niedriger Temperatur und ständigem Wenden ca. 12 Minuten garen lassen. Die Blumenkohlröschen sollten beim Servieren noch Biß haben.

COL RELLENA

GEFÜLLTER KOHL

Kohl ist ein in vielen Rezepten der mallorquinischen Küche immer wiederkehrendes Gemüse und in den Wintermonaten eines der Grundnahrungsmittel. Große, wunderschöne Kohlköpfe mit makellosen Deckblättern zieren dann die Stände der Märkte und warten auf Käufer. Gefüllter Kohl ist ein Rezept, für das man die starken, mittelgrünen Deckblätter des inneren Kohlkopfes braucht. Mit dem Rest können schmackhafte *Sopas mallorquinas* (Seite 58) zubereitet werden.

Zutaten

4 schöne, mittelgrüne Kohlblätter
400 g Hackfleisch (½ Rind/ ½ Schwein)
4 mittelgroße Fleischtomaten
(gehäutet und gewürfelt)
1 Gemüsezwiebel (gehackt)
50 g Mehl
1 Ei
1 kleines Bund glatte Petersilie (kleingehackt)
Olivenöl
1 Lorbeerblatt (feingehackt)
Salz, Pfeffer, Oregano
4 große Kartoffeln
Baumwollfaden
(für 4 Personen)

Die Kohlblätter in kochendem Salzwasser blanchieren und beiseite stellen. Aus dem Hackfleisch, dem Ei, Salz und Pfeffer und der Petersilie eine Masse kneten. Diese Masse gleichmäßig auf die vier Kohlblätter verteilen und vier Rouladen formen, die mit dem Baumwollfaden zusammengebunden werden. Kurz in Mehl wenden und im erhitzten Olivenöl von allen Seiten hellbraun anbraten. Zwiebeln, Tomaten, das Lorbeerblatt und den Oregano hinzugeben. Das ganze ca. 30 Minuten schmoren lassen. Den gefüllten Kohl herausnehmen, die Fäden entfernen und auf vorgewärmten Tellern anrichten. Die Tomatensauce durch ein Sieb passieren und darübergeben. In Olivenöl ausgebackene, geviertelte Kartoffeln bilden eine ideale Beilage. Dazu ein Rotwein mit Körper aus Binisalem.

ENSALADA CON HABAS Y PATATAS

GRÜNE BOHNEN-KARTOFFELSALAT

Salate sind selten auf Mallorca, und die Salatvielfalt Italiens oder Frankreichs wird man in Spanien trotz bester Gemüsequalitäten nicht finden. Der überall auftauchende *Ensalada mixta* ist eher eine Konzession an die Touristen, und in der Regel wird der Romanasalat eher als Dekoration gewertet, die man im Ernstfall auch essen kann, und weniger als Vorspeise. Einige Salate (wie *Trampó*, siehe S. 60) sind jedoch hervorragend; grüne Salate hingegen werden nie berücksichtigt. Deshalb hier ein Hinweis, der für die mitteleuropäischen Freunde der mallorquinischen Küche bestimmt ist: Probieren sollte man dieses Rezept einmal mit einem kräftigen Romanasalat, der darunter geschnitten wird.

Zutaten

500 g Kartoffeln (geschält)
500 g grüne Bohnen
300 g ausgeschotete Erbsen
3 große Artischocken (davon die heraus-
geschnittenen Herzen)
Olivenöl, Rotweinessig

1 Knoblauchzehe (geschält und feingehackt)
Salz und Pfeffer
(für 6-8 Personen)

Die Artischockenherzen kochen, so daß sie noch Biß haben, aber gar sind. Bohnen und Erbsen in einem anderen Topf blanchieren (6 Minuten) und mit kaltem Wasser abschrecken. Die Kartoffeln kochen und erkalten lassen. Artischockenherzen in Scheiben schneiden. Die grünen Bohnen halbieren. Die Kartoffeln würfeln. Alles mit den Erbsen mischen. Rotweinessig, Knoblauch, Salz, Pfeffer und Olivenöl verrühren und über den Salat geben. Mehrmals unterziehen. Zu diesem Salat schmeckt ein kräftiger Weißwein.

ENSALADA DE PIMIENTOS

SALAT VON PAPRIKASCHOTEN UND EIERN

Die roten und grünen Paprikaschoten, die sich auf den Märkten so einladend prall präsentieren, werden im ganzen Süden auf so unterschiedliche, abwechslungsreiche Weise zubereitet, angerichtet und mariniert, daß man selten ein Rezept entdeckt, das nicht nur wieder die Variante eines anderen ist. Hier in Mallorca glauben wir, eines gefunden zu haben, das einfach und köstlich ist.

Zutaten

Je 3 rote und 3 grüne Paprikaschoten
2 Gemüsezwiebeln
2 Eier (hartgekocht)
2 Eßlöffel Aioli (Rezept S. 79)
150 ml Olivenöl
100 ml Weißweinessig
1 Bund glatte Petersilie (gehackt)
weißer Pfeffer und Salz
(für 4 Personen)

Alle Paprikaschoten halbieren; Zwischenwände und Kerne entfernen und farblich ge-
mischt in Streifen schneiden. Die Zwiebeln
schälen, halbieren und ebenfalls in Streifen
schneiden. In einer flachen Porzellanform die
gepfefferten und gesalzenen Paprikastreifen
auslegen. Die Zwiebelstreifen und dann die in
Scheiben geschnittenen Eier darübergeben. Aus
der Aioli, Essig, Öl, Salz, Pfeffer und der gehackten Petersilie ein Dressing anrühren und
gleichmäßig darüber verteilen. Dazu frisch gerö-
stetes Brot und kalter, kräftiger Weißwein.

ESPARRAGOS FRITOS

AUSGEBACKENER SPARGEL

Eine wunderbare Rezeptvariante für den
wilden, grünen Spargel, der so köstlich ist. Es
kann auch weißer oder grüner Zuchtspargel dazu benutzt werden; auch besteht die Möglich-
keit, statt Zimt und Zucker Salz zu verwenden
und dem Ausbackteig die liebliche Note zu nehmen. Vielleicht probieren Sie beides.

Zutaten

1 Bund Spargel
400 g Schweineschmalz
3 Eßlöffel Mehl
½ Eßlöffel abgeriebene Zitronenschale
(nur das Gelbe!)
1 Messerspitze gemahlener Zimt
2 Eier
150 ml Milch
3 Eßlöffel Zucker
Salz
(für 2-4 Personen)

Den Spargel in kochendem Salzwasser kurz blanchieren. Herausnehmen, abtropfen und auf einem Küchenhandtuch trocknen lassen.

Für den Ausbackteig das Mehl mit der Zitronenschale, dem Zimt, dem Zucker, der Milch, einem Eßlöffel Wasser und den Eiern verrühren, bis ein cremiger Teig entsteht. Den Spargel in Mehl wälzen, in den Teig tauchen und in dem siedend heißen Schweineschmalz in einer gußeisernen Pfanne ausbacken. Bei den kleinen, wilden Spargeln nimmt man immer zwei oder sogar drei zusammen. Auf einer Papiermanschette sofort servieren. Dazu paßt ein fruchtiger, halbtrockener Weißwein, der nicht ganz kühl ist.

ESPINACAS CON AJOS

SPINAT MIT KNOBLAUCH

Ein einfaches Gericht mit einer außergewöhnlichen Püreebeilage. Wem das nicht reicht, der kann einige Lammkoteletts dazu braten, eine hervorragende Ergänzung.

Zutaten

1 kg Spinat (gewaschen und geschnitten)
500 g Kartoffeln
2 Knoblauchzehen
(geschält und in Scheiben geschnitten)
1 Lorbeerblatt
2 Eßlöffel Aioli (siehe S. 79)
1 Zitrone (Saft)
Salz und Pfeffer
Olivenöl
(für 4 Personen)

Den Spinat in Salzwasser blanchieren und in einem Sieb zur Seite stellen. Die Kartoffeln schälen und mit dem Lorbeerblatt kochen, dann durch eine Kartoffelpresse drücken, Aioli und Zitronensaft unterziehen.

In einer gußeisernen Pfanne den Knoblauch im heißen Olivenöl bräunen, den Spinat hineingeben und mehrmals durchschwenken. Zusammen mit dem Püree und frischem Brunnenwasser servieren.

ESPINAGADA

BLECHKUCHEN MIT GEMÜSE UND SÜSSWASSERAAL

Espinagada amb anguiles mit Aalen ist ein typisches Gericht aus dem Landesinneren Mallorcas, eine Variante der *Coca mallorquina.* Die *Espinagada* ist traditionell das Essen zum Fest des hl. Antonius am 17. Januar in La Puebla (Sa Pobla) und anderen Dörfern und Städten, wo an diesem Tag ›Haus der offenen Tür‹ ist und alle Freunde, aber auch Fremde eingeladen werden, ein Stück *Espinagada* und ein Glas Wein zu genießen. Große Feuer mitten auf den Straßen wärmen in dieser feuchten und kalten Jahreszeit die Feiernden, die sich um die Feuer scharen und Sängern lauschen, die zum Klang der *ximbomba* (einem antiken Musikinstrument) anzügliche und indiskrete Lieder vortragen. Die Luft ist von Rauch erfüllt, und das Dorf leuchtet von weitem im Schein der vielen Feuer. Das und der unvergleichliche Geschmack der *Espina-*

Zum Tocknen aufgehängte Tomaten

gada, die pikant auf der Zunge brennt, bleibt vom Fest ›San Antonio‹ in Erinnerung.

Der Teig

Grundsätzlich kann jeder Brotteig, der überwiegend aus hellem Mehl hergestellt wird, verwendet werden, vorausgesetzt, es werden auf jedes Pfund Mehl 200 ml Olivenöl hinzugefügt.

Zutaten

500 g Haushaltsmehl (Typ 405)
20 g Hefe
200 ml Olivenöl
1 Prise Zucker
lauwarmes Wasser
Salz

Zunächst die Hefe in etwas warmem Wasser auflösen, mit 1 Prise Zucker und 1 Eßlöffel Mehl verrühren und an einem gut geheizten Ort gehen lassen. Das Mehl auf die Tischplatte geben, eine Mulde in die Mitte drücken, den Vorteig, Olivenöl (handwarm) und Wasser und eine Prise Salz hineingeben und kneten, bis ein glatter Teig entstanden ist, der so lange unter einem Tuch an einem warmen Ort abgestellt wird, bis sich das Volumen verdoppelt hat.

Zutaten für den Belag

800 g frische Aale
200 g frischer Spinat
(ohne Stiele, kleingeschnitten)
300 g frisch ausgehülste Erbsen
3 Frühlingszwiebeln (in Stücke geschnitten)
1 Bund glatte Petersilie (gehackt)
4 Knoblauchzehen
(in dünne Scheiben geschnitten)
200 ml Olivenöl
1 Stück scharfe Peperoni
(in feine Ringe geschnitten)
Pfeffer, Salz, Paprikapulver und Saft einer Zitrone
(für 6-8 Personen)

Die frischen Aale einen Tag oder einige Stunden zuvor säubern, waschen, entgräten und in gleichgroße Stücke schneiden. Mit Knoblauch, Petersilie, Zitronensaft, Pfeffer, Paprikapulver und dem Olivenöl marinieren und zur Seite stellen.

Den vorbereiteten Teig gleichmäßig ausrollen und auf einem großzügig eingeölten, rechteckigen Backblech so ausbreiten, daß die Ränder überstehen. Den Teig auf dem Blech mit einer Gabel einstechen. Die Erbsen 5 Minuten in etwas Wasser kochen, herausnehmen und mit dem in mittelgroße Stücke geschnittenen Spinat und den Frühlingszwiebeln zunächst salzen und pfeffern und mit den Ringen der scharfen Peperoni in Olivenöl andünsten. Das ganze

Porto Colom

gleichmäßig auf dem Teig verteilen, dann den marinierten Aal darübergeben und in einem vorgeheizten Backofen bei 180 °C goldbraun backen (35 bis 40 Minuten). Kalt servieren, falls es gelingt, so lange zu warten. Kräftigen roten Landwein - im Sommer etwas gekühlt - sollte man dazu trinken.

HABAS TIERNAS ESTOFADAS

GESCHMORTE, JUNGE DICKE BOHNEN

Ein wunderbares Rezept, wenn die ersten, ganz jungen dicken Bohnen auf den Markt kommen. Je zarter die Bohnen, desto schmackhafter das Gericht.

Zutaten

1 kg ganz junge, frisch ausgelöste dicke Bohnen
1 Bund junge Zwiebeln
1 Knoblauchzehe (dünn geschnitten)
200 g Schinken (gewürfelt)
(Jamon Serrano, ersatzweise kräftiger Bauern-schinken)
1 Tasse Fleischbrühe
2 Eigelb
4 Stiele Majoran (kleingeschnitten)
schwarzer Pfeffer, Salz
(für (6-8 Personen)

Alle Zutaten, mit Ausnahme der Schinkenwürfel und des Eigelbs, in der Fleischbrühe köcheln lassen. Immer wieder mit etwas Fleischbrühe auffüllen, so daß, wenn der Garpunkt (ca. 8-12 Minuten) erreicht wird, wenig Flüssigkeit im Topf ist. Dann Schinken mit Eigelb verquirlen und unter die Bohnen ziehen, abschmecken und sofort servieren. Ein Glas kaltes Brunnenwasser schmeckt dazu ausgezeichnet.

HABAS TIERNAS A LA MALLORQUINA

DICKE BOHNEN MALLORQUINISCHE ART

Dicke Bohnen sind ein fester Bestandteil des mallorquinischen Speiseplans und werden in den Tapa-Bars in zahllosen Varianten angeboten. Die in diesem Rezept beschriebene Zubereitungsart ist sicher die traditionellste und typischste. Es handelt sich hierbei um eine vollwertige Mahlzeit, zu der ofenfrisches *pan moreno* oder Weißbrot sicher gut paßt.

Zutaten

500 g frisch ausgehülste dicke Bohnen
1 Bund Frühlingszwiebeln
(geschält und geschnitten)
1 Gemüsezwiebel (gewürfelt)
3 Strauchtomaten (gehäutet und gewürfelt)
2 Knoblauchzehen
(geschält und in Scheibchen geschnitten)
1 große Kartoffel (gewürfelt)
3 Artischocken
100 g durchwachsener Speck (gewürfelt)
1 kleine butifarrón
(ersatzweise Pfälzer Blutwurst)
2 Tassen frische Milch
Olivenöl
Je ein Zweig Minze, Fenchel, Oregano oder Bohnenkraut (gehackt)
Salz, Pfeffer, Zitronensaft
(für 6-8 Personen)

Die halbierten und längsgeschnittenen Artischocken in Wasser und Zitronensaft einlegen. In einer *greixonera* oder einer gußeisernen Kasserolle den Speck, die gewürfelte Gemüsezwiebel und die Tomaten andünsten. Mit zwei Tassen kalter Milch ablöschen. Die dicken Bohnen, die Artischocken, die Kartoffelwürfel und die Blutwurstscheiben, Fenchel, Minze, Bohnenkraut, Frühlingszwiebeln und Oregano hinzugeben. Salzen und pfeffern. Zugedeckt bei mittlerer Hitze ca. 30 Minuten köcheln lassen. Immer wieder rühren. Bei Bedarf mehr Milch hinzugeben. Dazu paßt ein kräftiger Landrotwein.

PA AMB OLI

BROT MIT ÖL (OLIVENÖL)

Wenn man in Mallorca über Grundnahrungs-mittel nachdenkt, gehört bestimmt *Pa amb Oli* dazu, denn das Brot mit Olivenöl (und Tomate) wird zum Aperitif, als Beilage zum Frühstück oder einfach zwischendurch gereicht. Und so simpel sich dieses Brotrezept auch anhört und zubereiten läßt, es gibt auch hier einige entge-gengesetzte Auffassungen über die Zubereitung, die bei näherem Hinsehen und Probieren so theoretisch nicht sind.

Allgemeine Klarheit herrscht darüber, daß das *pan moreno* (das dunkle, salzlose Misch-brot) die beste Grundlage für ein *Pa amb Oli* bil-det. Ob es nun frisch geschnitten oder getoastet bzw. geröstet sein sollte, darüber kann man be-reits diskutieren (und es wird diskutiert). Dann jedoch kommt die eigentliche philosophische Grundfrage zum Thema *Pa amb Oli*, über die ein Mallorquiner mit einem Katalanen, aber auch mit einem anderen Mallorquiner Stunden diskutieren kann: Wird das Brot zunächst mit Olivenöl beträufelt und dann mit einer aufge-schnittenen Strauchtomate eingerieben, oder muß es zunächst mit Tomate eingerieben und anschließend mit Olivenöl beträufelt werden. Wenn man nicht beides probiert hat, kann man sich nicht vorstellen, daß darin ein großer Un-terschied liegt, aber es ist tatsächlich ein großer Unterschied. Im übrigen gibt es eine zusätzliche

Meinung, nämlich, daß weder Tomate noch Olivenöl zuerst mit dem Brot in Berührung kommen darf, sondern eine geschälte, rohe Knoblauchzehe über das Brot gerieben werden muß. Probieren sollte man alle Varianten.

Zutaten

8 Scheiben pan moreno *(2 cm dick)*
4 Strauchtomaten
1 Knoblauchzehe (eventuell)
Bestes Olivenöl
Salz
(für 6–8 Personen)

Die Brotscheiben toasten oder rösten, mit Olivenöl beträufeln, mit der Hälfte einer Strauchtomate einreiben. Salzen und nochmals etwas Olivenöl daraufträufeln. Sofort servieren. Das ist die Art, wie *Pa amb Oli* am häufigsten serviert wird. Versuchen sollte man alle Varianten. Mit einem Glas Wein (weiß, rot oder rosé) dazu ist das fast schon eine kleine Mahlzeit.

SOFRITO

GESCHMORTES GEMÜSE

Die mallorquinische Küche kennt so gut wie keine Saucen; weder als Fond, noch legiert. Hier zeigen sich deutlich die arabischen Wurzeln der meisten Gerichte. Eine Ausnahme bildet das *sofrito,* dessen Breitbandanwendung in der mallorquinischen Küche von der Beilage (grob geschnitten) bis hin zur Basis für eine Hummersauce oder Suppe reicht (sehr fein geschnitten). Die mallorquinische Hausfrau hat immer etwas *sofrito* auf Vorrat, um es beim Kochen zur Hand zu haben. Im Ernstfall läßt sich sogar eine Suppe mit *sofrito* herstellen. In den *colmados* findet sich *sofrito* im Glas neben geschälten Tomaten und Tomatenpüree. Versuchen sollte man zunächst ein grobes *sofrito* als Beilage zu gegrilltem Lamm. Das paßt hervorragend.

Zutaten

1 weiße Zwiebel
2 grüne Paprikaschoten (längliche Sorte)
2 große reife Tomaten
6 Knoblauchzehen (geschält)
1 kleines Bund (5 Stiele) glatte Petersilie
Salz und Pfeffer
Olivenöl

In einer gußeisernen Pfanne fingerhoch Olivenöl erhitzen. Die Zwiebel schälen, achteln und in Quadrate schneiden. Paprika und Tomaten in ähnlich große Stücke schneiden. Zunächst die Zwiebel und den Knoblauch (4 Zehen) anschmoren, dann den Paprika und noch etwas später die Tomaten hinzufügen. Alles dann noch 6 bis 8 Minuten durchschmoren lassen.

In einem Mörser die Blätter der glatten Petersilie, 2 Knoblauchzehen, Salz und Pfeffer zerstampfen und im letzten Moment unter das fast fertige *sofrito* geben. Sofort als Beilage servieren oder auskühlen lassen und im Kühlschrank aufbewahren.

SOPAS MALLORQUINAS

MALLORQUINISCHER KOHLGEMÜSETOPF

Die *Sopas mallorquinas* ist eine entfernte Verwandte des *Frito mallorquin,* mit dem sie zumindest die unzählige Vielfalt möglicher Zutaten gemeinsam hat.

Entgegen der suggestiven Bedeutung des Wortes *sopas* (mallorquinisch: *sopes*) handelt es sich nicht um eine richtige Suppe. *Sopas* sind hauchdünne, getrocknete Scheiben des mallorquinischen Mischbrots *(pan moreno),* die in Tüten oder lose in jeder Bäckerei *(horno)* der Insel verkauft werden. Mit diesen *sopas* wird die *greixonera* (der traditionelle Tontopf) ausgelegt, bevor der angegarte, halb trockene Gemüsetopf mit Zutaten je nach Jahreszeit (Wirsing darf nie fehlen) darüber verteilt wird, um im Backrohr fertig zu garen.

Zutaten

150 bis 200 g sopas
(getrocknete feine Brotscheiben)
$^1/_2$ Wirsing
$^1/_4$ Blumenkohl
1 große Gemüsezwiebel
1 Stange Lauch
100 g Zuckererbsen oder Erbsen
100 g Stangen- oder Brechbohnen
200 ml Olivenöl
1 Teelöffel süßer Paprika
1 Eßlöffel Schweineschmalz
1 kleines Bund großblättrige Petersilie
(kleingehackt)
2 bis 4 Knoblauchzehen (gestiftelt)
3 bis 4 tomates de ramallet (siehe S. 9)
oder 2 Tomaten (gewürfelt)
2 Tassen Fleischbrühe
(für 4 Personen)

Alle Zutaten in mehr oder weniger gleich große Stücke schneiden und bereitstellen. In der *greixonera* (oder einem gußeisernen Bräter) das Olivenöl mit dem Schweineschmalz erhitzen. Darin die Zwiebel andünsten, nicht bräunen. Den Lauch hinzufügen und umrühren. Da-

nach die Knoblauchstifte und die Tomatenwürfel hinzufügen. Das Ganze bei schwacher Hitze köcheln lassen, bis es leicht reduziert ist.

Jetzt den Wirsing und die Bohnen unterrühren und mit zwei Tassen heißer Fleischbrühe ablöschen. Sofort die Erbsen, den Blumenkohl und den Teelöffel süßen Paprika hinzufügen. Bei schwacher Hitze ca. 10 Minuten köcheln lassen.

Dieselbe *greixonera* mit den *sopas*, dem getrockneten Brot, ganz auslegen, darauf die ›Kohlsuppe‹ geben und mit der Petersilie bestreuen. In einem vorgeheizten Ofen bei ca. 150° C 10 Minuten ziehen lassen.

TRAMPO

SOMMERSALAT

Dieser schnell zubereitete, köstliche Salat ist ein Herzstück der mediterranen Küche und taucht leicht abgewandelt auch in Italien und Frankreich auf. Das Geheimnis dieses ›Sommersalats‹ ist schnell erzählt: Tomaten, Paprika und weiße Zwiebeln von hervorragender Qualität auf dem Höhepunkt ihres Aromas, also zu Beginn des Sommers, wenn das Konzert der Zikaden langsam volle Orchesterstärke erreicht, und wenn man die ersten kühlen Winde des Nachmittags abwartet, um im Schatten eines Feigenbaumes ein leichtes Mittagessen zu sich zu nehmen. Das ist *Trampó* oder *Sepia con trampó* (siehe Seite 76).

Zutaten

2 weiße Sommerzwiebeln
(bzw. Gemüsezwiebeln)
3 grüne längliche Paprikaschoten
(römische Sorte)
4 große, reife Salattomaten
Rotweinessig, Olivenöl, Salz und Pfeffer aus der Mühle
(für 2-4 Personen)

Die Zwiebeln schälen, waschen, achteln und in quadratische Stücke schneiden. Die Tomaten blanchieren, die Haut abziehen, dann vierteln und in Stücke schneiden. Die Paprikaschoten halbieren, von Kernen und Rippen befreien und in Halb- bzw. oben in Viertelmonde schneiden. Die Zwiebelstücke in einem Küchentuch trocknen. Zwiebeln, Tomaten und Paprika mischen, salzen und mit gemahlenem Pfeffer würzen. Essig und Olivenöl darübergeben. Noch einmal gut mischen und auf einer Platte anrichten.

TUMBET

HERBSTGEMÜSE

Tumbet ist für Herbst und Winter das, was *Trampó* für den Sommer ist. *Tumbet* kann eine ganze (vegetarische) Mahlzeit sein, kann kalt und warm gegessen werden und schmeckt aufgewärmt am besten. *Tumbet* wird auch als Beilage serviert und paßt dann hervorragend zu einem Lammbraten. Das Rezept ist so bemessen, daß es für vier Personen eine Hauptmahlzeit ergibt und noch etwas zum Aufwärmen oder kalt für den nächsten Tag übrig bleibt.

Zutaten

4 schöne, reife Auberginen
4 grüne Paprikaschoten
8 mittelgroße, festkochende Kartoffeln
8 Knoblauchzehen
2 feste, grüne Zucchini
1 kg reife Tomaten (für die Sauce)
Olivenöl
Salz und Pfeffer
(für 4-6 Personen)

Für die Topmatensauce zunächst die Tomaten in Stücke schneiden. In einer gußeisernen Kasserolle 4 Knoblauchzehen mit etwas Olivenöl anbraten und die Tomaten hinzufügen. Bei geringer Hitze köcheln lassen.

Die Auberginen und die Zucchini in Scheiben schneiden, mit Salz bestreuen und 30 Minuten ruhen lassen. Die Paprikaschoten waschen, halbieren, Kerne und Rippen entfernen und in Stücke schneiden. Die Kartoffeln schälen, in Scheiben schneiden und in einem Küchentuch trocknen.

In einer zweiten Kasserolle Olivenöl (ca. 3 Finger hoch) erhitzen, die Kartoffelscheiben darin nach und nach fritieren, abtropfen lassen und in eine *greixonera* (oder Auflaufform) geben. Auberginen und Zucchini im verbliebenen Öl fritieren und abtropfen lassen, um sie dann über die Kartoffeln zu schichten. Anschließend die Paprikastücke mit den restlichen (aufgedrückten) Knoblauchzehen fritieren, abtropfen lassen und über die Kartoffeln, Auberginen und Zucchini schichten. Es ist wichtig, daß möglichst wenig Olivenöl an oder in dem Gemüse

bleibt. Um sicher zu gehen, kann man das gesamte Gemüse nach dem Abtropfen noch einmal auf Küchenpapier legen, um keine Ölrückstände zu haben. Salz und Pfeffer aus der Mühle darüber streuen und danach die eingekochte Tomatensauce durch ein Sieb über die Gemüse geben. Die feuerfeste Kasserolle dann im vorgeheizten Backofen bei 170° gut 10 Minuten garen. Heiß oder kalt servieren oder auch am nächsten Tag wieder aufwärmen. Dazu paßt immer ein Glas kräftiger Landrotwein, aus Binisalem zum Beispiel.

FISCH UND MEERESFRÜCHTE

ARENQUES CON PIMIENTOS Y BERENJENAS

SALZHERINGE MIT PAPRIKA-SCHOTEN UND AUBERGINEN

Mallorca wäre keine Insel, wenn es nicht einige Salzheringsrezepte gäbe und wenn diese nicht auch Paprikaschoten, Tomaten und Auberginen aufweisen würden. Dennoch handelt es sich hierbei um ein sehr ungewöhnliches, spannendes Rezept, das kalt serviert wird.

Zutaten

4 Salzheringe
4 rote Paprikaschoten
4 Auberginen
3 Tomaten
Knoblauchzehen einer halben Knolle
1 kleines Bund Petersilie (gehackt)
Salz, Pfeffer und Olivenöl
(für 4 Personen)

Den Salzheringen Kopf und Schwanzflosse abschneiden. Dann ausnehmen und auf einem Holzkohlengrill zusammen mit den ungeschälten Knoblauchzehen grillen. Nach 4 bis 8 Minuten (je nach Hitze) läßt sich die Haut der Heringe lösen. Heringe in Filets in eine Porzellanform legen. Die fast garen Knoblauchzehen aus der Knoblauchknolle lösen und schälen. Zu den Heringsfilets geben.

Paprikaschoten, Auberginen und Tomaten solange in einen stark vorgeheizten Backofen legen, bis man sie leicht schälen kann. Die Paprikaschoten in Streifen, Auberginen in Viertel und Tomaten in Scheiben schneiden. Über die Heringe verteilen und vorsichtig unterziehen.

Die gehackte Petersilie mit zwei frischen Knoblauchzehen und einer Prise Salz im Mörser zerreiben. Olivenöl hineingeben, mischen und damit die Heringe, Paprikaschoten, Auberginen und Tomaten marinieren. Kühl stellen und ziehen lassen. Mit geröstetem *Pa amb Oli* (Seite 55) servieren. Frischer, kühler Landrotwein aus dem Tonkrug, wie er auch in Consell und Binisalem serviert wird, paßt am besten dazu.

BACALAO AL HORNO

STOCKFISCH IM BACKOFEN

Für Köche, die ungeübt im Umgang mit Stockfisch sind, ist es unbedingt zu empfehlen, nur erstklassigen, filetierten Kabeljau-Stockfisch zu verwenden. Der Stockfisch muß unter mehrmaligem Wechseln des Wassers mindestens 24 Stunden wässern. Ins letzte Wasser sollte man einen ordentlichen Schuß Milch geben. Die Milch nimmt dem Stockfisch den leicht ranzigen Geschmack, falls er vorhanden sein sollte (was bei erstklassiger Ware nicht der Fall sein dürfte).

Zutaten

600 g Stockfisch
5 Knoblauchzehen
750 g Zwiebeln (kleingeschnitten)
350 g Tomaten
(gehäutet, entkernt und gewürfelt)
3 rote Paprikaschoten
(gehäutet und in Streifen geschnitten)
3 Stiele Petersilie (gehackt)
2 Eier (hartgekocht)
1/2 l Frischmilch
Olivenöl
Salz, Pfeffer, Lorbeerblatt, Paprikapulver
(edelsüß)
trockenes Weißbrot (gerieben)
(für 4–6 Personen)

Den Stockfisch nach dem Einweichen mit einem Küchenhandtuch trockentupfen, mit der Frischmilch in einen Topf geben und bei kleiner Hitze gar ziehen lassen (nicht kochen).

In einem gußeisernen Bräter oder einer *greixonera* Olivenöl erhitzen und darin 4 Knoblauchzehen, die Zwiebeln und die Tomaten schmoren, bis alles Saucenkonsistenz bekommt. Mit Lorbeerblatt, Salz und Pfeffer abschmecken. Die Paprikastreifen hinzugeben.

Dreiviertel der Tomatensauce aus der *greixonera* herausnehmen. Den Stockfisch aus der Milch nehmen, trockentupfen, in Portionsstücke schneiden und diese in die in der *greixonera* verbliebene Tomatensauce geben. Die hartgekochten Eier schälen und achteln und auf dem Fisch verteilen. Die restliche Tomatensauce über Eier und Fisch gießen. Petersilie, eine feingehackte Knoblauchzehe, Paprikapulver und eine gute Handvoll geriebenes Weißbrot darübergeben. Mit Olivenöl beträufeln und in einem auf 180 °C vorgeheizten Backofen ca. 15 Minuten garen. Dazu sollte man dampfende Salzkartoffeln servieren.

Ein Glas *Cabarnet Sauvignon* von Mesquida ist eine wunderbare Ergänzung.

Im Mercado Olivar in Palma ▷
Cabo Formentor ▷▷

BACALAO A LA MALLORQUINA

STOCKFISCH MALLORQUINISCHE ART

Die drei großen Klassiker der Stockfischzubereitung auf Mallorca sind *Arroz con Bacalao* (Reis mit Stockfisch), *Bacalao al horno* (Stockfisch im Backofen) und dieses Rezept: Stockfisch mallorquinische Art.

Zutaten

1 kg Stockfisch
1 1/2 kg Kartoffeln
1 große Zwiebel (kleingeschnitten)
3 Knoblauchzehen (kleingeschnitten)
800 g reife Tomaten
(gehäutet, entkernt und gewürfelt)
Mehl
Olivenöl
4 Stiele glatte Petersilie
Salz und Pfeffer (weiß)
(für 6 Personen)

Den Stockfisch unter mehrmaligem Wechseln des Wassers 24 Stunden wässern. (Wenn der Stockfisch wie für die anderen Rezepte gezupft werden soll, muß er 36 Stunden wässern.) Ins letzte Wasser Frischmilch geben. Den Stockfisch auf einem Küchenhandtuch trocknen und mit einem großen Küchenmesser in Portionsstücke schneiden.

Die Kartoffeln schälen und in Scheiben schneiden. In einer gußeisernen Pfanne zwei Finger hoch Olivenöl erhitzen und die Kartoffeln darin braten. Die Kartoffeln in eine feuerfeste Form oder eine *greixonera* geben. Im gleichen Öl die zuvor in Mehl gewälzten Portionsstücke Stockfisch ausbacken und in der Auflaufform über die Kartoffeln schichten.

In einer separaten Kasserolle ist unterdessen mit den angeschwitzten Zwiebeln, dem Knoblauch und den gewürfelten, reifen Tomaten eine Tomatensauce entstanden, die noch mit Salz, Pfeffer und feingehackter Petersilie abgeschmeckt wird, bevor man sie über den Stockfisch und die Kartoffeln gibt. Das Ganze in der feuerfesten Form im vorgeheizten Backofen bei 180 °C noch 5 bis 7 Minuten garen lassen.

Ein kühler, einfacher Landrotwein paßt ausgezeichnet dazu.

MERO A LA MALLORQUINA

ZACKENBARSCH MALLORQUINISCHE ART

Auch die Mallorquiner haben sich für den Zackenbarsch eine eigene Zubereitung ausgedacht, was beweist, daß sich dieser große Meerbarsch mit unterschiedlichen Musterungen und Färbungen (gestreifter Zackenbarsch) großer Beliebtheit erfreut, obwohl er ein Fisch aus dem Atlantik ist, der sich nur selten ins Mittelmeer verirrt. Lediglich die wulstigen Lippen und das kräftige, gehaltvolle Fleisch haben alle Zackenbarsche gemeinsam. Auf den Fischmärkten sind die Lippen und die überdurchschnittliche Größe von bis zu 60 bis 70 cm die optischen Merkmale. Für das nachfolgende Rezept nimmt man am besten 4 dicke Scheiben, 1 pro Person, oder eine große Dorade im ganzen!

Zutaten

1 kg Zackenbarsch (Filets oder in Scheiben)
800 g Kartoffeln (in feine Scheiben geschnitten)
1 Bund Frühlingszwiebeln (kleingeschnitten)
2 kleine Lauchstangen
(halbiert und in Stücke geschnitten)
1 Bund Mangold
(gewaschen, entstielt und geschnitten)
4 Knoblauchzehen
(geschält und in Scheiben geschnitten)
1 Bund glatte Petersilie (gehackt)
50 g Rosinen
30 g Pinienkerne
Olivenöl
Salz, Pfeffer und Paprikapulver (edelsüß)
3 Tomaten (Scheiben)
40 g getrocknetes, geriebenes Weißbrot
(für 4 Personen)

Den Boden einer gußeisernen Pfanne mit Olivenöl (2 Finger hoch) bedecken und erhitzen. Die Kartoffelscheiben darin anfritieren, herausnehmen und abtropfen lassen. Dann den Boden einer *greixonera* oder einer feuerfesten Porzellanform mit den Kartoffelscheiben auslegen.

Die Zackenbarschstücke in Mehl wälzen und in demselben Öl von allen Seiten anbraten, bis sie leicht gebräunt sind. Die Fischstücke auf den Kartoffeln verteilen.

Das Gemüse (Lauch, Mangold) mit der Petersilie, den Frühlingszwiebeln, dem Knoblauch, den Rosinen, Pinienkernen, Paprika, Pfeffer und Salz mischen und auf dem Zackenbarsch garnieren, so daß der Fisch ganz bedeckt ist. Darüber die Tomatenscheiben legen. Mit den getrockneten Weißbrotbröseln bestreuen und mit zwei bis drei Eßlöffeln Olivenöl aus der Pfanne beträufeln. Bei 190 °C etwa 25–35 Minuten (je nach Größe der Fischstücke) im vorgeheizten Ofen garen. Dazu paßt ein kräftiger Weißwein.

BURRIDA DE RAYA

ROCHEN IN MIT AIOLI LEGIERTEM SUD

Der Rochen ist ein außergewöhnlich schmackhafter, eigenwilliger Fisch, der auf Mallorca selten in Restaurants zu finden ist und – wenn doch einmal – dann meistens mit Kapern in Butter gebraten, wahrscheinlich die geläufigste Variante. Das leicht rosafarbene, sehr gelatinehaltige Fleisch des Rochens erfreut sich nur bei wenigen Kennern großer Beliebtheit. Das führt dazu, daß der Rochen (bzw. Nagelrochen, die schmackhafteste Variante) auf demselben Fischmarkt zu sehr unterschiedlichen Preisen angeboten wird, die zwischen 7 Mark und 25 Mark pro Kilo schwanken können.

Die *burrida* ist eine im ganzen Mittelmeerraum bekannte Zubereitungsart, mit kleinen regionalen Abweichungen (frz. *bourride*). Es handelt sich jedoch immer um einen mit Aioli legierten, stark reduzierten Fischsud, der den Kochfisch begleitet. Die Mallorquiner reichen die *burrida* pur. Es werden weder im Fischsud mitgekochte Kartoffeln (Marseille) noch in Olivenöl gebackene Brotcroutons (Italien) dazugereicht. In manchen Küchen Mallorcas werden getrocknete, feine Brotscheiben in den Teller gelegt und dann der Fisch und der mit Aioli legierte Sud darübergegeben.

Zutaten

1 kg Rochen (am besten Nagelrochen), Seelachs oder Makrelen
1 Portion Aioli (Seite 79)
1/2 l Fischsud
12 Bund glatte Petersilie (feingehackt)
4 Fäden Safran
weißer Pfeffer, Salz, Zitrone
150 g getrocknete Brotscheiben (sopas)
(für 4 Personen)

Den Rochen (oder anderen Fisch) waschen, häuten, trockentupfen und in Portionsstücke schneiden. Salzen und mit Zitronensaft beträufeln. Zugedeckt 1 Stunde ziehen lassen. Danach nochmals waschen.

Die Fischbouillon zum Sieden bringen, den Fisch und die Safranfäden hineingeben und 8 bis 10 Minuten garen lassen. Die Fischstücke auf eine mit Brotscheiben ausgelegte, vorgewärmte Platte geben, abdecken und warmstellen. Den Fischsud weitere 10 Minuten einkochen lassen. Vom Herd nehmen und die handwarme Aioli mit der feingehackten Petersilie hineinrühren. Alles über den Fisch geben. Sofort servieren. Dazu schmeckt ein trockener Weißwein aus Andraitx.

CALAMARES CON CEBOLLA

KALMARE MIT ZWIEBELN

Der zehnarmige Kopffüßler ist immer für eine Überraschung gut, wenn er frisch ist, gut behandelt und sorgfältig zubereitet wird. In diesem Rezept trifft der Kalmar auf etwas mehr als die gleiche Menge gartenfrischer Zwiebeln. Eine wunderbare Kombination.

Zutaten

1 kg mittelgroße Kalmare
1,2 kg Zwiebeln
200 g große Tomaten
(gehäutet, entkernt und gewürfelt)
100 g geschälte Mandeln (gestiftet)
100 g Pinienkerne
150 g Rosinen (siehe S. 15)
4 Knoblauchzehen (kleingehackt)
1 Lorbeerblatt
Brandy
Olivenöl
Süßer und scharfer Paprika (je eine Prise)
Salz und weißer Pfeffer
(für 4 Personen)

Die frischen Tintenfische in der Fischhandlung säubern lassen. In der Länge vierteln und in Rechtecke schneiden. In einer gußeisernen Pfanne (oder *greixonera*) das Olivenöl stark erhitzen (kurz bevor es zu qualmen beginnt) und den Tintenfisch darin unter ständigem Wenden von allen Seiten goldbraun anbraten. Mit dem Brandy ablöschen und flambieren. Die grobgeschnittenen Zwiebeln hinzufügen und zusammen dünsten, bis sie leicht glasig werden, dann die Tomaten, die Koblauchzehen und das Lorbeerblatt (in Stückchen) hineingeben, salzen und pfeffern. Verrühren und dann die Rosinen, die Pinienkerne, die gestiftelten Mandeln, den süßen und den scharfen Paprika unterrühren. Alles etwa 20 Minuten schmoren lassen. Falls nötig, gelegentlich Wasser nachgießen. In der *greixonera* oder der gußeisernen Pfanne servieren. Dazu paßt ein weißer - vielleicht nicht ganz trockener - kalter Wein.

CALAMARES RELLENOS

GEFÜLLTE KALMARE

Es ist schwer, aus der Fülle der Tintenfischrezepte die schmackhaftesten zu wählen. Bei diesem Rezept können die Zutaten und Wertigkeiten leicht verschoben werden, indem man bei der Sauce durch Hinzufügen von Rosinen und Pinienkernen ins Süße geht, also arabische Akzente setzt, die bei der Füllung durch Hinzufügen von Minze verstärkt werden. So können die Füllung und die Zubereitungsart variiert werden, wobei lediglich die Ausgewogenheit der Geschmackskomponenten insgesamt im Auge behalten werden sollte. Vielleicht ist ein erster Versuch genau nach Rezept ratsam.

Das Interessanteste an allen gefüllten Tintenfischen ist, daß der Körper des Tintenfisches ein perfekter Geschmacksspeicher ist, der das volle Aroma der Füllung konserviert.

Zutaten

*8 frische Kalmare von gleicher Größe
(gesäubert und ohne Seitenflossen)
Olivenöl*

Für die Füllung

*1 Zwiebel (feingehackt)
4 hartgekochte Eier
2 rohe Eier
2 große Tomaten, ca. 100 g
(gehäutet, entkernt und gewürfelt)
4 Stiele glatte Petersilie (feingehackt)
Oregano
Salz und Pfeffer
1 Stiel frische Minze (feingehackt)*

Für die Sauce

*1/2 Zwiebel (kleingeschnitten)
1 Lorbeerblatt
3 Knoblauchzehen (in Scheibchen geschnitten)
500 g Tomaten
(gehäutet, entkernt und gewürfelt)
Brandy
Salz*

*100 g Rosinen
100 g Pinienkerne
Olivenöl
(für 4 Personen)*

Die 8 Kalmare in einer *greixonera* in erhitztes Olivenöl geben, goldbraun anbraten und die feingehackte Zwiebel hinzufügen. Die hartgekochten Eier in kleine Stücke schneiden und dazugeben. Tomaten, Petersilie und Oregano unterrühren. Zur Seite stellen und erkalten lassen. Die Tintenfische herausnehmen, die rohen Eier und die Minze unter die erkaltete Masse ziehen und damit die Tintenfische füllen. Mit einem Zahnstocher schließen und in Mehl wenden.

Für die Sauce die halbe kleingeschnittene Zwiebel mit dem Knoblauch in Olivenöl andünsten. Lorbeerblatt hinzufügen. Mit einem Schuß Brandy ablöschen. Die Tomatenwürfel unterziehen und schmoren lassen. Rosinen und Pinienkerne hineingeben, salzen und pfeffern. Die bemehlten Tintenfische in Olivenöl (zwei Finger hoch in der Kasserolle) braten, bis sie goldbraun sind. In eine *greixonera* oder eine feuerfeste Form legen und die Sauce darübergeben. Bei kleiner Hitze (ca. 150 °C) 20 bis 30 Minuten garen lassen. Als Beilage paßt sehr gut Safranreis dazu. Ein kühler *Chardonnay* ist das ideale Getränk.

CALDERETA DE LANGOSTA

LANGUSTENTOPF

Die Langusten der Balearen sind berühmt; die dunkelblaue aus Menorca und die hellere, rötliche aus Mallorca. Natürlich geht es auch hier darum, welche Languste die schmackhaftere sei, welche die beste. Auf den Speisekarten in erstklassigen Restaurants in Barcelona und Madrid wird die dunkelblaue Felsenlanguste Menorcas immer besonders erwähnt und erzielt auch die höchsten Preise. Kenner wiederum schwören, daß gerade bei der *caldereta* die rötliche Languste Mallorcas der Menorcas überlegen sei. Wie immer sollte man das salomonisch entscheiden, für die *caldereta* je eine nehmen und so den Dingen auf den Grund gehen.

Zutaten

2 Langusten, ca. 800 g
(auf dem Markt binden lassen)
500 g Meeresspinnenbeine und/oder Kaiser-
granat (auch gefroren)
2 große Zwiebeln (gehackt)
4 große, reife Tomaten
(gehäutet, entkernt und gewürfelt)
2 Knoblauchzehen (geschält)
2 Stiele glatte Petersilie
1 Eßlöffel Tomatenmark
Cognac
Olivenöl, Salz, Pfeffer
sopas
(getrocknete oder getoastete Mischbrotscheiben)
(für 4 Personen)

Für die Brühe zunächst in einer Kasserolle die Würfel einer gehackten Zwiebel in etwas Öl glasig andünsten. Den Kaisergranat in Stücke schneiden und die Beine der Meeresspinne hineingeben und anschwitzen. Den Eßlöffel Tomatenmark hinzufügen und 3 bis 4 Minuten andünsten, mit kaltem Wasser ablöschen und 30 Minuten köcheln. Die Stücke Kaisergranat und Meeresspinne herausnehmen, mit einer Pürierpresse über dem Sud ausdrücken und diesen dann durchsieben.

Die beiden gebundenen Langusten in mindestens 3 Liter sprudelnd kochendes Wasser geben. Nach 15 Minuten herausnehmen und auf einem tiefen Teller auskühlen lassen. Mit den Händen und einem Handtuch aufbrechen und jede Languste in vier Portionsstücke schneiden.

Während die Langusten auskühlen, in einem gußeisernen Bräter (oder einer *greixonera*) etwas Olivenöl erhitzen und die Würfel der zweiten Zwiebel und die Knoblauchzehen andünsten, bis sie leicht gebräunt sind. Die gewürfelten Tomaten hinzugeben und solange köcheln lassen, bis die Zwiebel- und Tomatenmasse anbindet. Einen Schuß Cognac hineingeben und mit der fertigen Brühe auffüllen. Die Langustenstücke mit dem Jus, der sich in dem tiefen Teller gesammelt hat, hinzugeben. 15 Minuten bei kleiner Hitze ziehen lassen, salzen, pfeffern und mit der feingehackten Petersilie bestreuen. Die Teller mit den *sopas* auslegen, den Langu-

stensud daraufgeben und die Langustenstücke hineingeben. Ein Glas sehr kalter, trockener Weißwein aus Andraitx paßt hervorragend dazu.

CALDERETA DE PESCADO

MALLORQUINISCHER FISCHTOPF

Die *caldereta* ist der feuerfeste Schmortopf, in dem der Fisch zubereitet wird. Daher der Name. Nun gibt es bei der Fischsuppe - der Bouillabaisse oder wie immer man sie nennen mag - rund um das Mittelmeer immer eine Diskussion. Insbesondere, wenn es darum geht, welcher Fisch hineinkommt oder hinein muß, nicht hinein darf oder absolut nicht fehlen darf. Bei solchen Diskussionen hat man oft den Eindruck, daß es Sinn der Übung ist, einen Vorwand zu suchen, wieder einmal eine *caldereta* zu kochen, um am entstandenen Beispiel alle Argumente noch einmal zu überprüfen.

Zutaten

200 g sopas (feine getrocknete Scheiben des
mallorquinischen pan moreno)
300 g Merlan und Petersfisch (gallo)
700 g gemischter Mittelmeerfisch
je nach Geschmack
1 Stange Staudensellerie
(in Scheiben geschnitten)
2 Knoblauchzehen
1 Stiel glatte Petersilie
1 Zweig Majoran
Olivenöl
1 Eßl. Paprikapulver (edelsüß)
2 Fäden Safran
Salz
2 Tomaten (gehäutet, entkernt und geachtelt)
2 Zwiebeln (geschält und gewürfelt)
(für 4-6 Personen)

Die Fische ausnehmen, waschen und von den Schwänzen, Köpfen und Flossen befreien, trockentupfen und salzen. In einer *greixonera* oder einem gußeisernen Bräter Olivenöl erhitzen, die Zwiebelwürfel anschwitzen, bis sie glasig sind, danach die Tomaten und die Hälfte des Knoblauchs hinzugeben. Alles anschmoren. Mit 4 Tassen Wasser (oder Fischfond) ablöschen; Sellerie und Paprikapulver hineingeben. Kurz aufkochen, dann die Fischstücke hineingeben und 15 Minuten ziehen lassen. Die Stücke Merlan oder Petersfisch herausnehmen, enthäuten und entgräten, mit einer Gabel zerdrücken und wieder in die *caldereta* geben.

In einem Mörser die Knoblauchzehe, Majoran und Petersilie zerdrücken, einen Löffel Fischbrühe hinzufügen und alles über die *caldereta* geben. Tiefe Teller mit den *sopas* auslegen und die Brühe durch ein Sieb hineingeben. Den Fisch auf einer Platte anrichten. Dazu paßt *Blanc Pescador*, der mallorquinische Weißwein zum Fisch. Sehr fruchtig und nicht ganz trocken, sollte er sehr kalt getrunken werden.

SEPIA CON TRAMPO

TINTENFISCH MIT TRAMPO

Ein wunderbares Gericht, das das ganze Aroma der Insel einfängt.

Zutaten

800 g Tintenfisch
(gesäubert und in Ringe und Stücke
geschnitten)
3 große Tomaten
(gehäutet, entkernt und in größere Stücke,
2 × 2 cm, geschnitten)
2 längliche grüne Paprikaschoten
(entkernt und in Stücke geschnitten)
1 große Gemüsezwiebel (in Stücke geschnitten)
2 Knoblauchzehen
(geschält und in Scheiben geschnitten)
Olivenöl, Rotweinessig, Salz, Pfeffer
(für 4 Personen)

Aus den Tomaten, Paprikaschoten und der Zwiebel, die alle in gleichgroße Stücke geschnitten wurden, mit Salz, Pfeffer, Essig und Öl einen Salat machen. In einer gußeisernen Pfanne Oli-

Der Faro von Cabo Blanco

venöl erhitzen, den Knoblauch und die Tinten-
fischstücke hineingeben und unter permanen-
tem Rühren von allen Seiten goldgelb anbraten.
Den Inhalt der Pfanne ganz über den Salat geben, unterziehen und sofort lauwarm servieren.
Jetzt fehlt nur noch ein Glas kalter Roséwein,
und es kann einem kaum noch besser gehen.

ESCABECHE DE PESCADO

MARINIERTER FISCH

Wird nur eine Sorte Fisch mariniert, dann sollte man einer Fischsorte mit starkem Charakter
den Vorzug geben, wie z. B. Thunfisch, *llampuga* o. ä. Bei Einlegen verschiedener Fische sollte
man auf Thunfisch verzichten und nur Fische
gleicher Konsistenz nehmen.

Zutaten

1 kg Fisch
100 ml Rotweinessig
200 ml Olivenöl
100 ml trockener Weißwein
1 mittelgroße Gemüsezwiebel
(in Streifen geschnitten)
1 Möhre (in Streifen geschnitten)
4 Artischocken (geachtelt)
4 Lorbeerblätter
1/2 Zitrone (in 6 feine Scheiben geschnitten)
8 Knoblauchzehen (ganz)
1 Bund glatte Petersilie (gehackt)
Paprikapulver (edelsüß)
Salz und Pfeffer aus der Mühle
50 g Mehl
(für 4 Personen)

Den gesäuberten Fisch in gleichgroße Stücke schneiden, salzen und trockentupfen; in Mehl wälzen und in einer Kasserolle in erhitztem Olivenöl von allen Seiten goldbraun braten. Die Stücke in eine bereitgestellte *greixonera* (oder eine gußeiserne Kasserolle) geben und mit den Zitronenscheiben belegen.

In demselben Olivenöl Zwiebel, Möhre, Knoblauchzehen und Artischocken anbraten, das rote Paprikapulver, Salz und Pfeffer hinzugeben und mit Essig, Wein und Wasser ablöschen, zum Kochen bringen und ein wenig einkochen lassen. Kurz bevor der Sud von der Kochstelle genommen wird, die grobgehackte Petersilie hineingeben. Erkalten lassen und dann über die Fischstücke geben. 24 Stunden an einer kühlen Stelle ziehen lassen. Frischer, junger Weißwein, gut gekühlt, ist das ideale Getränk dazu.

GUISADO DE PESCADO CON ›ALL-I-OLI‹

FISCHTOPF MIT AIOLI GRATINIERT

Zunächst sollte man die köstliche Aioli-Sauce zubereiten.

Zutaten

6 Knoblauchzehen
2 große Eigelb
400 ml Olivenöl (erste Pressung)
Saft von 1/4 Zitrone
Salz
1/2 Peperoni (entkernt nach Geschmack)

Um ein sicheres Gelingen der Aioli zu garantieren, ist es ratsam, alle Zutaten bei gleicher Temperatur (am besten Zimmertemperatur) zu verarbeiten. Die geschälten Knoblauchzehen halbieren, mit etwas Salz in einem Mörser zerstampfen und zerreiben. Wer es scharf mag, kann zusätzlich eine halbe rote Peperoni (entkernt) mit in den Mörser geben. Das Eigelb von zwei großen Eiern untermischen. 1/2 Stunde zur Seite stellen. Dann unter ständigem Rühren (in eine Richtung!) tropfenweise das Olivenöl

unterziehen. Mit Salz und Zitronensaft abschmecken. Sollte die Aioli zu dick sein, kann sie mit warmem Wasser glattgerührt werden. Im Kühlschrank aufbewahren.

Zutaten für den Fischtopf

2 kg Fisch
(Zahnbrasse, Heilbutt, Seehecht, Dorade, o. ä.
Fische mit festem Fleisch)
5 reife Tomaten
(gehäutet, entkernt und gewürfelt)
Olivenöl
1 Bund Frühlingszwiebeln (kleingeschnitten)
200 ml Weißwein
Rosmarin, Salz und Pfeffer
(für 8 Personen)

Zunächst die fünf reifen Tomaten in Olivenöl anschmoren, Rosmarin und kleingeschnittene Frühlingszwiebeln hinzufügen, garen lassen und zur Seite stellen.

Den Fisch säubern, entgräten und in 8, 12 oder 16 Portionsstücke schneiden. Mit einem Küchentuch trockentupfen, salzen und pfeffern. In einer Auflaufform oder einem kleinen Bräter in erhitztem Olivenöl von allen Seiten goldgelb anbraten, mit Weißwein ablöschen; bei kleiner Hitze, je nach Größe der Fischstücke, 8 bis 15 Minuten garen lassen. Die Fischstücke einzeln oder zusammen in der Auflaufform auf dem Tomaten-Zwiebel-Gemisch anrichten, mit Aioli gleichmäßig 3 bis 4 mm dick bestreichen und unter dem Grill kurz scharf anbräunen; sofort servieren. Dazu paßt kalter Roséwein aus Binisalem oder dem Penedes.

LLAMPUGA CON PIMIENTOS

LLAMPUGA MIT PAPRIKASCHOTEN

Llampuga, zu deutsch Blitz- oder Gewitterfisch, ist ein Fisch, der den Fischern am Ende des Sommers, wenn die ersten Herbstgewitter aufziehen, ins Netz geht. Er verschwindet wieder mit Einbruch des Winters. Die Llampuga-Saison dauert also rund drei Monate. Außerhalb dieser

Zeit empfiehlt es sich, Dorade für dieses Rezept zu nehmen.

Zutaten

1 kg llampuga oder Dorade gris oder rosé
1 kg reife Tomaten
(gehäutet, entkernt und gewürfelt)
1 kg große, rote Paprikaschoten
1 Knoblauchknolle
Olivenöl
Lorbeerblätter
Salz und Pfeffer
(für 4 Personen)

Den Llampuga säubern, Kopf und Schwanz abtrennen und in ca. 4 bis 5 cm breite Stücke schneiden. Salzen und abtropfen lassen. Aus den zerkleinerten Tomaten eine Tomatensauce zubereiten; grob oder passiert, je nach Geschmack. Ein Lorbeerblatt in kleinen Stücken in die fertige Sauce geben und zur Seite stellen. Den Boden einer Kasserolle mit Olivenöl bedecken. Die Knoblauchzehen aus der Knoblauchknolle ungeschält herausbrechen und eine nach der anderen, mit der Spitze nach oben, zwischen Daumen und Zeigefinger und mit der Wurzel nach unten kräftig auf die Arbeitsplatte drücken, bis die Zehe aufplatzt; die Haut nicht entfernen. Die Paprikaschoten entkernen, die Zwischenwände herausschneiden, in Rechtecke schneiden und zusammen mit den Knoblauchzehen im erhitzten Olivenöl goldbraun anschmoren. Den Fisch in einer *greixonera* (oder gußeisernen Kasserolle) mit Olivenöl anbraten, das Fett abgießen. Den Fisch zunächst mit dem Knoblauch-Paprika-Gemisch bedecken, dann die Tomatensauce darübergeben und bei kleiner Hitze bedeckt ca. 15 Minuten schmoren lassen. Sofort servieren. Dazu paßt hervorragend ein leichter *Cabernet Sauvignon* von Mesquida.

Küstenlandschaft bei Deià

MERLUZA CON MAYONESA

SEEHECHT MIT MAYONNAISE

Der Seehecht braucht immer eine Sauce, die dem geschmacklich nicht sehr ausgeprägten Fleisch eine Richtung gibt. Kalt (wie hier) oder gegrillt kommt das Fleisch der *merluza* (vor allem die mittleren Stücke) am besten zur Geltung. Diese Zubereitungsart ist eine hervorragende Bereicherung für jedes kalte Buffet, aber auch die schmackhafte Vorspeise eines sommerlichen Menüs.

Zutaten

1 ganzer, kleiner Seehecht
1 Zwiebel
1 Lorbeerblatt
ca. 200 g Mayonnaise
1 Bund glatte Petersilie (gehackt)
50 g kleine, feinste Kapern
3 Essiggurken (kleingeschnitten)
2 Eier (hartgekocht)
Weißweinessig
Salz und Pfefferkörner
1 Zitrone
(für 4 Personen)

Den Seehecht ausnehmen und die schwarze Haut im Inneren entfernen. Den Fisch in sie- dendem Wasser mit einem Lorbeerblatt, einigen Pfefferkörnern, Zitronenscheiben und Salz po- chieren. Der Seehecht eignet sich besonders für diese Zubereitungsart, weil sein festes Fleisch lange die Form bewahrt. Den Seehecht aus dem Wasser nehmen, sobald sich die Gräten vom Fleisch lösen lassen. Auf eine Platte geben. Vom Kopf an zum Schwanz hin auf einer Seite häu- ten, vorsichtig aufklappen, alle Gräten entfer- nen und wieder zusammenklappen. Mit einem feinen Pinsel den Fisch mit etwas Weißweines- sig bestreichen, dann einen halben Finger dick die Mayonnaise auf die gehäuteten Seiten strei- chen. Mit den feinen Kapern, den Essiggurken, der gehackten Petersilie und den geachtelten, hartgekochten Eiern garnieren. Kalt servieren. Dazu kalten *Muscadet* reichen.

FLEISCH-
GERICHTE

BOLLIT DE INVIERNO

WINTEREINTOPF

Das *bollit* - in Frankreich *cassoulet*, in Italien *bollito* - ist das Wintergericht des Mittelmeer-raumes. Regional und von Land zu Land unter-schiedlich handelt es sich immer um verschie-dene Sorten von gekochtem Fleisch und Gemü-se. Die Italiener reichen dazu *salsa verde*, grüne Sauce. Die Spanier - immer sehr bodenständig und direkt - bevorzugen Olivenöl und Weines-sig und legen auch kein Suppenhuhn mit in den Topf. Das *Bollit de invierno* ist ein richtiges Winteressen, das am besten nach einer winterli-chen Segeltour oder einem Strandspaziergang im Januar schmeckt. Die Brühe des *bollit* wird mit Pasta oder Reis serviert, und man kann im-mer darüber diskutieren, ob die Brühe oder Fleisch und Gemüse zuerst gegessen werden.

Gebirgsformation am Puig Mayor

Zutaten

200 g Kichererbsen (einweichen)
400 g Lammschulter
3–4 Markknochen
100 g durchwachsener Speck
50 g sobrasada
100 g butifarrón (siehe S. 16)
350 g Kartoffeln (gewürfelt)
500 g Weißkohl (geschnitten)
1 Stück Stangensellerie (klein geschnitten)
1 Zwiebel
1 Tomate
4 Möhren (kleingeschnitten)
50 g Reis oder Suppennudeln
4 Fäden Safran
1 Messerspitze rotes Paprikapulver
(mittelscharf)
1 Messerspitze Pfeffer (weiß, gemahlen)
Salz
(für 4 Personen)

Wasser mit den gewaschenen Markknochen zum Kochen bringen. Die über Nacht eingeweichten Kichererbsen hinzugeben. Die in vier Stücke geteilte Lammschulter, den Speck, die *sobrasada* und die *butifarrón* in das kochende Wasser geben. Den Topf schließen und bei reduzierter Hitze knapp eine Stunde am Siedepunkt garen. Kartoffeln, Kohl, Sellerie, Möhren, Zwiebel und Tomate hinzugeben und weitere 15 bis 20 Minuten köcheln lassen. Salzen und pfeffern.

Fleisch und Gemüse aus der Brühe entfernen und warmstellen. Die Markknochen aus der Brühe nehmen und das Mark durch ein Sieb wieder in die Brühe drücken. Den Reis oder die Nudeln in der Brühe mit den Safranfäden kochen, heiß servieren. Das Fleisch und das Gemüse mit bestem Olivenöl und etwas Rotweinessig servieren. Dazu paßt eine schwere, rote *Reserva* aus dem Rioja.

BORRET

LAMMEINTOPF

Die über 300jährige arabisch-islamische Herrschaft auf Mallorca hat viele Spuren hinterlassen, u. a. auch auf der mallorquinischen Speisekarte, auf der sich viele Gerichte arabischen Ursprungs finden, die ›eingebürgert‹ worden sind. *Borret* ist eines der wenigen Gerichte, das seinen Ursprung nicht verleugnet und in dieser Form heute noch in den Atlasländern zu finden ist.

Zutaten

600 g Lammfleisch
(Rindfleisch ist eine mögliche Variante)
100 g süße Kirschen
100 g reife Aprikosen
100 g Kichererbsen (am Tag zuvor einweichen)
1 Knoblauchknolle
200 ml Fleischbrühe
1 Messerspitze Majoran
Olivenöl
Salz und weißer Pfeffer
(für 4 Personen)

Das Lammfleisch in kleine Würfel schneiden und in erhitztem Olivenöl in einem gußeisernen Bräter von allen Seiten gut anbraten. Mit der Fleischbrühe ablöschen und bei geringer Hitze schmoren lassen. Die Aprikosen blanchieren, häuten, entkernen und vierteln. Die Kirschen entsteinen und halbieren. Nachdem das Lammfleisch 20 bis 25 Minuten geschmort hat, die Kichererbsen, die Kirschen, die Aprikosen sowie den Majoran und die ganze Knoblauchknolle hinzugeben, salzen und pfeffern und schmoren lassen, bis sich eine stark reduzierte Sauce gebildet hat (ca. 20 weitere Minuten) und das Fleisch zart ist. Im gußeisernen Topf oder der *greixonera* servieren. Ein *Muscadet* von der Insel paßt gut dazu.

CAZUELA DE SAN JUAN (CASSOLA)

EINTOPF AUS SAN JUAN

Eine Spezialität aus dem Dorf San Juan (Sant Joan), das im Inneren Mallorcas liegt und dem der Eintopf seinen Namen verdankt. Sicher eines der aufwendigen *Cazuela*-Rezepte, dessen Zubereitung sich jedoch lohnt.

Zutaten für die Fleischbällchen

*600 g mageres Schweinegehacktes
1 Ei
100 g Mehl
2 Knoblauchzehen (feingehackt)
2 Stiele Petersilie (feingehackt)
Salz, Pfeffer
1 Messerspitze Majoran*

Zutaten für den Eintopf

800 g Pökelrippe
(oder frische Schweinerippe, 3 Tage zuvor in
Salz einlegen)
6 Wachteln (frisch mit Innereien)
1 Bund Frühlingszwiebeln
(in Scheiben geschnitten)
3 Strauchtomaten
(gehäutet, entkernt und gewürfelt)
5 Knoblauchzehen
5 Stiele glatte Petersilie
25 g rohe Mandeln
800 g Kartoffeln (in Scheiben geschnitten)
800 g Champignons (geviertelt)
1 Lorbeerblatt
1 Zweig Majoran
Schweineschmalz
Olivenöl
Salz, schwarzer und weißer Pfeffer
(für 8 Personen)

Zunächst aus dem mageren Schweinegehackten, dem Ei, den feingehackten Knoblauchzehen und der Petersilie eine Hackmasse kneten. Mit Salz, Pfeffer und einer Messerspitze Majoran abschmecken. Hackbällchen von 3 cm Durchmesser formen, in Mehl wälzen und in einer gußeisernen Pfanne in Olivenöl ausbacken. Herausnehmen und zur Seite stellen.

Die Pökelrippen zerschneiden und durchhacken. Die Wachteln halbieren, Herzen, Leber und Mägen zur Seite stellen. Die Stücke der Pökelrippe, die halbierten Wachteln und die Innereien in einer *greixonera* oder einem gußeisernen Bräter in heißem Olivenöl mit etwas Schweineschmalz anbraten, salzen und pfeffern. Die Zwiebelringe und die Tomatenwürfel hineingeben. Unter ständigem Rühren 30 Minuten schmoren. Dann die Kartoffelscheiben darübergeben. Mit dem Lorbeerblatt (zwischen den Fingern zerreiben), dem Majoran und drei unge-

schälten Knoblauchzehen würzen und mit Wasser ablöschen. 10 Minuten köcheln lassen, dann die geviertelten Champignons hinzugeben und weitere 10 Minuten köcheln lassen. Die angebratenen Fleischbällchen hinzugeben.

In einem Mörser zwei geschälte Knoblauchzehen, die Petersilie und die Mandeln mit etwas Salz und Pfeffer (weiß) zerstoßen, mit Sud aus dem Topf vermischen und über den Eintopf geben. Verrühren und sofort servieren. Dazu passen hervorragend frische Erbsen und Kartoffelpüree und ein Glas kräftiger Landrotwein.

CONEJO CON CEBOLLA

KANINCHEN MIT ZWIEBELN

Auf Mallorca gibt es immer ein reiches Angebot an frischen Kaninchen von hervorragender Qualität. Viele Lokale, die einen Holzkohlengrill haben, bieten Kaninchen *a la parrilla* an, und damit trifft man nur selten eine schlechte Wahl. Auch *Conejo con cebolla* wird quer über die Insel angeboten, dies jedoch nach sehr unterschiedlichen Rezepten. Das nun folgende scheint den Dialog zwischen Kaninchen und Zwiebel am besten zu treffen.

Zutaten

1 Kaninchen (in Portionsstücke geschnitten)
4-6 große Zwiebeln (etwa die gleiche Menge wie
das Kaninchen, grob gewürfelt)
1 Knoblauchknolle
2 Lorbeerblätter
1 Bouquet garnie
50 g Mandeln (geröstet)
$^1/_4$ l Brühe (ungewürzt)
1 Glas trockenen Weißwein
Brandy
Salz und Pfeffer (weiß)
Saft einer Zitrone
(für 4-6 Personen)

Die Kaninchenstücke salzen und pfeffern. In einer *greixonera* oder einem feuerfesten Topf in Olivenöl bei starker Hitze von allen Seiten anbraten. Die Knoblauchknolle öffnen, die Zehen herauslösen und zwischen Daumen und Zeigefinger mit der Wurzel nach unten so stark auf die Tischplatte drücken, bis die Zehen aufplatzen. Haut nicht entfernen. Die angebratenen Kaninchenstücke herausnehmen und zur Seite stellen. Die Knoblauchzehen in das Öl geben, kurz wenden und dann die sehr grob gewürfelten Zwiebeln und die Lorbeerblätter hinzugeben. Unter ständigem Rühren anschwitzen, bis die Zwiebeln leicht glasig werden. Das Kaninchenfleisch wieder hineinlegen. Mit einem Schuß Brandy, dem Weißwein und dem Zitronensaft ablöschen und mit der Brühe auffüllen. Das *bouquet garnie* hinzugeben und bei mittlerer Hitze rund 40 Minuten garen lassen. Salzen und pfeffern und mit den gerösteten Mandeln servieren. Dazu schmeckt am besten frisches *pan moreno* und Weißwein.

CONEJO DORADO

KANINCHEN, GOLDBRAUN GEBRATEN

Unter den unzähligen Arten, Kaninchen zuzubereiten, ist *Conejo dorado* sicher eine derjenigen, die den Geschmack und das Aroma des Kaninchens am besten zur Geltung kommen läßt, wobei die Mandeln, die hier aufgeführt werden, nicht unbedingt zum Rezept gehören.

Zutaten

1 Kaninchen von 1,2 bis 1,4 kg
1 Zwiebel (feingewürfelt)
4 Knoblauchzehen
(geschält und in Scheiben geschnitten)
$^1/_2$ Bund Petersilie (feingehackt)
50 g geröstete und gemahlene Mandeln
(wenn gewünscht)
Sherry (sehr guten und nicht ganz trockenen)
50 g Butter (wenn man ohne Mandeln arbeitet),
sonst 50 g Schweineschmalz
Saft von 1 Zitrone
1 Stiel Thymian
Olivenöl
Brühe
Salz und Pfeffer
20 g Butter und etwas Mehl
(verknetet für eine leichte Mehlschwitze)
(für 4-6 Personen)

Das Kaninchen waschen und trockentupfen, bevor es in 12 Portionsstücke zerlegt wird. Salzen, pfeffern, mit Thymianblättchen bestreuen und im Saft einer Zitrone kurz marinieren. In einer gußeisernen Kasserolle oder einer *greixonera* das Olivenöl (und das Schweineschmalz, falls Sie Mandeln hinzufügen möchten) stark erhitzen Die Kaninchenstücke von allen Seiten goldbraun anbraten. Zwiebelstücke und Knoblauch hinzugeben und anschwitzen. Mit Sherry und Brühe ablöschen. Die Mandeln, falls gewünscht, jetzt zugeben. Die Kaninchenstücke kurz herausnehmen und mit der gekneteten Butter-Mehl-Masse die Sauce leicht binden, salzen und pfeffern. Die Kaninchenstücke wieder hineingeben und 35 Minuten bei geringer Hitze

schmoren lassen. Bei einer Zubereitung ohne Mandeln mit Butter, Petersilie und einem Spritzer Zitrone abschmecken. Dazu paßt ein kräftiger Weißwein aus Petra.

COSTILLITAS DE CORDERO CON AJOS FRITOS

KLEINE LAMMKOTELETTS MIT FRITIERTEN KNOBLAUCHZEHEN

Dies ist eine wunderbare Art, die köstlichen und zarten Lammkoteletts zuzubereiten. Immer wieder verwendet man in der mallorquinischen Küche ganze Knoblauchzehen, die zwischen Daumen und Zeigefinger mit der Wurzel nach unten gedrückt und dann in heißem Olivenöl fritiert werden - eine Zubereitungsart, die ein ganz bestimmtes Aroma entstehen läßt, das mit dem Geschmack von geschältem Knoblauch wenig gemein hat. Die Lammkoteletts nehmen ein nussiges, leicht süßliches Aroma an, der dieses Rezept auszeichnet. Ob man die weichen, fritierten Knoblauchzehen dazu ißt, bleibt jedem überlassen, der Knoblauch dient hier in erster Linie als Geschmackgeber für das Lammfleisch.

Zutaten

16 bis 20 kleine, dünne Lammkoteletts
2 Knollen Knoblauch (alle Zehen ausgedrückt)
Olivenöl
Salz und Pfeffer (aus der Mühle)
(für 4 Personen)

Die Lammkoteletts trockentupfen und bereitstellen. In einer gußeisernen Pfanne Olivenöl (1 cm hoch) erhitzen, alle Knoblauchzehen hineingeben und von allen Seiten anschwenken. Aus dem Öl nehmen und zur Seite stellen. Wenn das Öl wieder richtig heiß ist, die Lammkoteletts in das Öl geben. Kurz und scharf braten. Auf einer vorgewärmten Platte anrichten, salzen und pfeffern und den fritierten Knoblauch darübergeben. Sofort servieren. Dazu passen hervorragend ein *Pa amb Oli* (S. 55) und ein kräftiger grüner Salat *(lechuga)* sowie ein kühler Rotwein.

Restaurant-Terrasse in Randa

COSTILLITAS DE CORDERO REBOZADAS

PANIERTE KLEINE LAMMKOTELETTS

Das muß man den Mallorquinern wirklich lassen: Diese kleinen zarten Lammkoteletts bereiten sie einzigartig zu und überraschen dabei immer wieder mit neuen Varianten.

Zutaten

16 bis 20 kleine zarte Lammkoteletts
Salz und Pfeffer
2 Eigelb
Mehl und Paniermehl
Olivenöl
Schweineschmalz
1 Zitrone
(für 4 Personen)

Die Lammkoteletts sorgfältig trockentupfen, salzen, pfeffern und in Mehl wälzen. Die beiden Eigelb mit etwas Eiweiß und einem Schuß Wasser aufschlagen und die bemehlten Lammkoteletts darin eintauchen, dann von beiden Seiten kräftig in das Paniermehl drücken.

In einer gußeisernen Pfanne Olivenöl erhitzen, etwas Schweineschmalz hinzufügen und die Lammkoteletts bei großer Hitze von beiden Seiten goldbraun backen. Auf Küchenpapier abtropfen lassen und auf einer vorgewärmten Platte mit Zitronenhälften garniert servieren. Kühler Rotwein aus Petra, Binisalem oder Andraitx paßt dazu.

91

EMPANADAS DE CORDERO

LAMMFLEISCHPASTETCHEN

Die *Empanada* ist ein Gebäck, dessen Ursprung in der jüdischen Küche des Mittelalters zu suchen ist. Ursprünglich waren diese Pastetchen dazu gedacht, Fleisch oder Fisch zu konservieren. Natürlich haben sich die Empanada-Rezepte im Laufe von rund 1000 Jahren gewandelt. Die Christen haben Schweinefleisch und die Araber Rosinen hinzugefügt *(cocarrois)*, aber die eigentliche Idee der Empanadas ist geblieben. Auch die Formen, Kreis, Halbmond, Schiffchen oder Davidstern *(robiols* und *crespells)*, wurden beibehalten, obwohl der Kreis und das Schiffchen aus Gründen einer rationelleren Produktion immer stärker dominieren. Viele Bäckereien bieten täglich Empanadas an, meistens mit Lammfleisch oder Spinat und Pinienkernen, aber auch mit Fisch-, *sobrasada-* und Geflügelfüllungen. *Empanadas de Cordero* (mit Lammfleisch) werden vor allem zur Osterzeit angeboten und dürfen bei keinem österlichen Festessen fehlen. Immer werden alle Varianten in zwei Geschmacksrichtungen angeboten: *dulce* (süß) oder *lisa* (glatt bzw. einfach, salzig). Der Unterschied ist lediglich der Teig, die Füllung ist bei beiden Varianten identisch. Optisch unterscheiden sie sich dadurch, daß die *Empanada dulce* dunkler gebacken ist, während die salzige sehr hell bleibt.

Zutaten für den Teig

DULCE:
500 g Mehl
150 g Zucker
3 Eigelb
100 ml Orangensaft
100 g Schweineschmalz
100 ml Olivenöl

LISA:
500 g Mehl
250 g Butter
100 ml Wasser
2 Eigelb
100 ml Olivenöl

Zutaten für die Füllung

120 g Lammkeule (ohne Knochen)
100 g sobrasada
100 g durchwachsenen Speck
1 Stiel Thymian
Salz und schwarzer Pfeffer aus der Mühle
(ergibt 4 Stück)

Zunächst die Lammkeule und den Speck in Würfel (ca. 1,5 × 1,5 cm) schneiden und in einem Küchentuch trockentupfen. Zur Seite stellen.

Für den süßen Teig das Schweineschmalz mit dem Eigelb verrühren, bis es sich zu einer glatten Masse verbindet, dann Zucker, Mehl und nach und nach den Orangensaft und das Olivenöl hinzugeben. Kneten, bis der Teig glatt ist und nicht mehr an den Fingern klebt. Der salzige Teig wird analog zubereitet. Den Teig in vier große und vier kleine (etwa $1/4$ des Teiges) Portionen von jeweils gleicher Größe einteilen.

Aus den vier großen Stücken vier nach oben offene Pasteten von beliebiger Form frei auf einem Blech (auf gebuttertem Papier) auslegen bzw. in Backformen (dann ohne Papier) geben. Nun das Lammfleisch und den Speck salzen und pfeffern, *die sobrasada* in Stücke zupfen, mit dem Thymian mischen und in die Pastetchen geben. Aus den vier kleinen Teigstücken Deckel formen und die Pastetchen schließen. Im vorgeheizten Backofen (180 °) rund 45 Minuten backen. Es ist wichtig, in die Mitte des Deckels (z. B. mit der Zinke einer Gabel) ein Loch zu stechen, damit während des Backens Feuchtigkeit entweichen kann. Die Empanadas sind ganz trocken, wenn sie richtig zubereitet wurden, und das Reizvolle ist der sich dadurch ergebende, intensive Geschmack der Füllung. Puristen der Empanada fügen weder Salz noch Pfeffer oder Thymian hinzu, um den Geschmack pur zu halten. Probieren Sie einmal eine in der Bäckerei, und machen Sie sich dann daran, eine Empanada individuell zuzubereiten.

ENTRECOT CON ALBARICOQUES

ENTRECÔTE MIT APRIKOSEN

Das Interessante an diesem Gericht ist die Aprikosensauce, die natürlich auch zu anderem kurzgebratenen Fleisch, wie Kalbskotelett, gereicht werden kann. Beachten sollte man jedoch, daß reife Aprikosen, wie sie für dieses Rezept erforderlich sind, in Mallorca eine Geschmacksintensität haben, die nicht mit mitteleuropäischen Produkten oder importierter Ware erreicht werden kann, es sei denn auf dem Höhepunkt der Aprikosenernte.

Zutaten

4 Entrecôtes vom Ochsen
500 g vollreife Aprikosen
150 g durchwachsener Speck (in Scheiben)
1 Glas lieblicher Weißwein
1 Eßlöffel Honig
Pfeffer, Salz
(für 4 Personen)

Die kräftigen Ochsenentrecôtes mit einem Küchentuch abtupfen, salzen und pfeffern und die Speckstreifen mit Zahnstochern auf den Bratflächen befestigen. In einer gußeisernen Pfanne in erhitztem Olivenöl von beiden Seiten stark anbraten, dann bei reduzierter Hitze solange garen, bis das Fleisch innen noch leicht rosa ist.

Die Aprikosen halbieren und entkernen und mit etwas Wasser zum Kochen bringen. Nach der halben Kochzeit (ca. 7 bis 8 Minuten) ist das Wasser verkocht; den lieblichen Weißwein und den Honig hinzufügen und langsam zerkochen lassen. Durch ein Sieb passieren. Die goldbraun gebratenen Ochsenentrecôtes mit den Speckscheiben auf der Aprikosensauce servieren. Dazu einen kalten, nicht ganz trockenen Weißwein reichen.

FRITO MALLORQUIN

FLEISCH-GEMÜSE-PFANNE

Dieser Klassiker der mallorquinischen Küche hat seinen Ursprung bei der *matanza*, dem Schlachtfest. Die Hauptzutaten sind die Innereien eines frisch geschlachteten Lamms, wobei die Hälfte der Menge mit Kartoffeln aufgewogen wird. Dazu kommen 8 bis 10 Knoblauchzehen und ein Bund Frühlingszwiebeln. Die Auswahl der restlichen Gemüse, etwa Blumenkohl, Erbsen, Möhren, Sellerie oder Zucchini sollte sich immer nach dem Marktangebot richten.

Da sich das Rezept sehr großer Beliebtheit erfreut, wollen viele Mallorquiner nicht auf das nächste Schlachtfest warten. So sind im Laufe der Zeit einige Variationen entstanden, wobei in den meisten Fällen die Innereien durch Lammfleisch ersetzt werden. Es gibt auch vegetarische *Fritos,* die auf Fleisch völlig verzichten.

Frito ist eher eine Art der Zubereitung als ein Rezept. Lassen Sie sich also vom Basisrezept inspirieren.

Zutaten

800 g Innereien vom Lamm
(Leber, Lunge, Herz, Milz)
400 g Kartoffeln (geschält und gestiftelt)
8 bis 10 Knoblauchzehen
1 Bund Frühlingszwiebeln
100 g Blumenkohl (gestiftelt)
100 g Möhren (gestiftelt)
100 g Sellerie (gestiftelt)
100 g Erbsen (frisch ausgehülst)
1 Lorbeerblatt
1 Zweig Fenchel
Salz, Pfeffer, Olivenöl

Das Gelingen des *Frito* hängt im wesentlichen davon ab, daß alle Zutaten so gleichmäßig und so klein wie möglich gestiftelt werden.

In einer gußeisernen Pfanne drei Finger hoch Olivenöl erhitzen und die in der Haut zerdrückten Knoblauchzehen hineingeben. Nach einer Minute die Kartoffeln hinzufügen, goldgelb fritieren, herausnehmen und abtropfen lassen. In einem vorgeheizten Backofen bei ca. 80° warmstellen. Das Öl erneut erhitzen, die gestiftelten Innereien scharf anbraten und garen lassen. Anschließend zu den warmgestellten Kartoffeln geben.

Möhren, Sellerie, Frühlingszwiebeln und Erbsen in das Öl geben und ebenfalls garen. Das Lorbeerblatt zwischen Daumen und Zeigefinger zerreiben und, kurz bevor das Gemüse gegart ist, hinzufügen. Alles aus der Pfanne nehmen und abtropfen lassen. Die Gemüse mit den Kartoffeln und Innereien mischen; mit Salz, Pfeffer und dem kleingeschnittenen Fenchelzweig würzen. Das Gericht noch 5–10 Minuten warmstellen, dann sofort servieren. Dazu paßt ein kühler Landwein aus Binisalem.

LENGUA CON ALCAPARRAS

ZUNGE MIT KAPERN

Bis zu 100 Meter tief in die Erde reichen die Wurzeln der Kapernsträucher, die ganze Felder dominieren, sich selbst in hohen Natursteinmauern festsetzen und dort ihre Blütenpracht voll entfalten, wo die Knospe der Kapern nicht gepflückt werden kann. Man sieht auf Mallorca immer mehr Kapernblüten, was bedeutet, daß die Erntemengen zurückgehen und der Bedarf nicht mehr so groß ist, aber auch, daß die Pflücklöhne in einem Maße gestiegen sind, daß sich das Abernten zweiter und dritter Qualitäten nicht mehr lohnt. Je kleiner die Kaper, desto wertvoller ist sie; allerdings sind bei jedem Gericht einige *alcaparrones* (extrem große Kapern, die Daumennagelgröße erreichen können) geviertelt hinzuzufügen, da ihr Geschmack besonders intensiv ist. Zunge und auch Rochen mit Kapern sind die großen Klassiker unter den Kapernrezepten, und wer das Aroma dieser kleinen Knospen schätzt, wird auf Mallorca auf seine Kosten kommen; die Kapern Mallorcas zählen zu den schmackhaftesten der Welt.

Zutaten

1 Kalbszunge (1 kg bis 1,3 kg)
3 Zwiebeln (geschält und gewürfelt)
2 Strauchtomaten
(gehäutet, entkernt und gewürfelt)
4 Stiele glatte Petersilie (feingehackt)
2 Blätter einer Sellerieknolle (fein geschnitten)
4 Blätter Sauerampfer (fein geschnitten)
1 Lorbeerblatt
60 g Kapern
4 große Kapern (alcaparrones)
schwarzer Pfeffer (grob gemahlen)
Schweineschmalz
Zimt
Salz
(für 4–6 Personen)

Die Kalbszunge säubern und sorgfältig waschen. In einen Kochtopf legen, salzen und mit kaltem Wasser bedecken. Zum Kochen bringen und bei mittlerer Hitze ca. 45 Minuten kochen.

Die Zunge herausnehmen, unter kaltem Wasser abschrecken und häuten. Die Zungenbrühe zur Seite stellen.

In einer *greixonera* das Schweineschmalz erhitzen, die Zunge mit den Zwiebeln und den Tomaten kurz anbraten, dann den Sauerampfer, die Sellerieblätter, das Lorbeerblatt und die Petersilie hineingeben und mit einem Teil der Zungenbrühe auffüllen. Eine halbe Stunde bei mittlerer Hitze schmoren lassen. Die Zunge herausnehmen, die Sauce durch ein Sieb passieren, oder mit dem Pürierstab sämig rühren. Die Kapern und die *alcaparrones* hineingeben und die Sauce mit Zimt abschmecken. Die Zunge aufschneiden und die Kapernsauce darübergeben. Als Beilage empfiehlt sich Kartoffelpüree oder in Olivenöl ausgebackene Kartoffeln.

Ein Glas schwerer Weißwein aus dem Rioja paßt dazu.

LENGUAS DE CERDO CON SALSA DE GRANADAS

SCHWEINEZUNGE MIT GRANAT-APFELSAUCE

Ein Rezept arabischen Ursprungs. In dem Originalrezept wird *Vino Rancio* verwendet, ein anfermentierter Wein, der durch frischen Weißwein und einen Schuß Weißweinessig ersetzt werden kann.

Zutaten

2 mittelgroße Schweinezungen
2 große, reife Granatäpfel (ausgekörnt)
1 große Gemüsezwiebel (gewürfelt)
8 Kartoffeln (geschält)
¼ l frischer Weißwein
1 Eßlöffel Weißweinessig
Olivenöl und Schweineschmalz
Zimt
Salz und Pfeffer
(für 4 Personen)

Die Schweinezungen abwachsen, in einem Liter kaltem Wasser mit Salz bei mittlerer Hitze zum Kochen bringen und gut eine Stunde knapp vor dem Siedepunkt garen. Die Zungen häuten. In einem kleinen Bräter Olivenöl und Schweineschmalz zu gleichen Teilen erhitzen, die gewürfelten Zwiebeln und die Zungen zusammen anbraten und rundum bräunen. Die Granatapfelkörner (einige zum Dekorieren zur Seite stellen), Zimt, Pfeffer und Salz hinzugeben. Dann zunächst mit dem Weißweinessig und dem Wein (oder mit *Vino Rancio*) ablöschen.

Die Zungen herausnehmen, in dünne Scheiben schneiden, auf einer vorgewärmten Platte

anrichten und warm stellen. Die Sauce passieren und über die Zungenscheiben geben. Mit den restlichen Granatapfelkörnern garnieren. Als Beilage werden meistens geviertelte, in Olivenöl ausgebackene Kartoffeln gereicht. Ein weißer *Chardonnay* aus Consell oder Andraitx paßt hervorragend dazu.

PALETILLA DE CORDERO

LAMMSCHULTER

Das Lammfleisch Mallorcas ist sicher dem vielgerühmten Schweinefleisch ebenbürtig. Die Lämmer, die von Schäfern bewacht über die ganze Insel ziehen, zupfen frisches Gras im Inneren der Insel und Kräuter im Schatten der Mischwälder und bleiben über die Herbstmonate auf den salzigen Wiesen in Meeresnähe. Ihr Fleisch ist zart und schmackhaft und von umwerfendem Aroma. Kaufen sollte man, um mallorquinisches Lamm zu bekommen, in den kleinen Dorfmetzgereien im Landesinneren und nicht in den großen Supermärkten, wo das Fleisch meistens vom Festland und im Zweifelsfall aus Neuseeland kommt. Mallorquinisches Lamm ist nur noch mit dem bretonischen und normannischen *mouton pré-salé* zu vergleichen.

Zutaten

1 Lammschulter (ca. 1,5 kg)
Brühe (die mit dem ausgelösten Schulterknochen zubereitet wird oder zusätzliche Lammknochen)
100 g durchwachsener Speck
(in Scheiben, dann in Streifen schneiden)
12 kleine Zwiebeln (geschält)
2 Gemüsezwiebeln (geschält und gewürfelt)
2 Möhren
(geschält und in Scheiben geschnitten)
1 Zweig Thymian
1 Lorbeerblatt (kleingeschnitten)
4 Stiele glatte Petersilie
¹/₂ l Weißwein
100 g Mehl

50 g Schweineschmalz
Puderzucker
schwarze Pfefferkörner (grob zerstoßen)
Salz
(für 4 Personen)

Wenn man sehr kleine Lammschultern bekommt, kann man erwägen, das Gericht mit der ganzen - nicht ausgebeinten - Lammschulter zuzubereiten. In diesem Fall müssen beim Metzger zusätzliche Lammknochen gekauft werden, um eine Brühe anzusetzen. Ansonsten die Lammschulter auslösen und das Fleisch in 8 Portionsstücke teilen. Die Möhren, die gewürfelten Gemüsezwiebeln, das Lorbeerblatt, die Hälfte der Petersilie und den Pfeffer über das Fleisch geben und mit dem Weißwein übergießen. Abgedeckt eine Nacht lang in der Marinade stehen lassen. Die Fleischstücke herausnehmen und trockentupfen.

In einem gußeisernen Bräter den Speck anbraten, dann die Portionsstücke des Lamms hinzugeben und von allen Seiten dunkel anbraten; mit einem Teil der Marinade und der Knochenbrühe ablöschen. Eine Stunde bei geringer Hitze schmoren lassen.

In einer gußeisernen Pfanne die kleinen Zwiebeln mit etwas Schmalz, Puderzucker und ein wenig Marinade unter ständigem Wenden garen, bis sie schließlich leicht angebräunt sind. Zur Seite stellen. Dann in der Pfanne mit dem restlichen Schmalz und dem Mehl eine braune Mehlschwitze anrühren, die mit der heißen Schmorflüssigkeit aus dem Bräter aufgefüllt und glattgerührt wird. Das Fleisch aus dem Schmortopf herausnehmen und die Mehlschwitze in die Sauce geben, verrühren, dann die karamelisierten Zwiebeln und das Lammfleisch hinzugeben. Alles noch einmal 3 Minuten schmoren lassen und servieren.

Als Beilage serviert man geachtelte, in Olivenöl angebratene Kartoffeln. Dazu ein schöner *Cabernet Sauvignon* aus Binisalem oder Porreres.

DESSERTS UND KUCHEN

BUÑUELOS DE ARROZ CON LECHE

MILCHREISKRAPFEN

Buñuelos ist ein typisches Dessert in ganz Spanien, und es gibt unzählige Variationen wie zum Beispiel die Milchreiskrapfen, die auf Mallorca zum Fest der hl. Ursula im Oktober gereicht werden. Dazu gibt es süßen *Moscatel*, der kühl aus dem Keller geholt wird.

Zutaten

200 g Reis
1 l Milch
100 g Zucker
50–80 g Mehl
3 Eier
1 Eßl. Obstwasser (zum Parfümieren)
Olivenöl
Honig oder Puderzucker
(für 4 Personen)

Die Milch mit dem Reis und dem Zucker zum Kochen bringen, 10 Minuten köcheln und dann abkühlen lassen. Den Brei in einem Mörser oder mit einer Küchenmaschine zu einer homogenen Masse verarbeiten. Die Eier und das Obstwasser in die Masse hineinschlagen und nach und nach etwas Mehl unterziehen, bis der Teig weich und geschmeidig ist. In einer hohen Pfanne Olivenöl erhitzen. Aus der Masse mit einem Suppenlöffel die Krapfen herausformen und im heißen Öl von beiden Seiten ausbacken. Die heißen, abgetropften Krapfen in Honig tauchen oder mit Puderzucker bestäuben.

Dazu paßt ein Glas kühler *Moscatel*.

CABELL D'ANGEL

ENGELSHAAR ODER KÜRBISMARMELADE

Das gelbe Fruchtfleisch des Kürbis enthält Tausende kleiner Fasern, die später in der Marmelade durch den Zucker goldgelb schimmern; daher der Name ›Engelshaar‹. Kürbismarmelade wird hauptsächlich zum Füllen der *ensaimada* (siehe Seite 105) oder anderer Gebäcksorten benutzt. Besonders gut schmeckt Engelshaar auf frisch getoastetem Weißbrot. Die Zubereitung bedarf keiner großen Fertigkeit, und der Kürbis ist eine leicht zu verarbeitende Frucht; so sind schnell von einem großen, reifen Kürbis 6 bis 10 Gläser (0,3 l) Marmelade gemacht.

Zutaten

2 bis 3 kg reifer Kürbis
1,1 bis 1,7 kg Zucker
geriebene Schale einer ganzen Orange
ein wenig geriebene Zitronenschale

Den Kürbis halbieren, und mit einem Holzlöffel die Kerne entfernen; dann vorsichtig die Fasern herauslösen. Das Kürbisfleisch aus der Schale trennen, in kleine Stücke schneiden und mit etwas weniger als der gleichen Menge Zucker vermischen. Die Orangen- und Zitronenschale sowie die Fasern hinzufügen, abdecken

und einige Stunden oder sogar über Nacht ziehen lassen. Unter Hinzufügen von möglichst wenig Wasser (am besten ganz ohne Wasser) und unter ständigem Rühren mit einem großen Kochlöffel zum Kochen bringen. Dann bei reduzierter Hitze noch 15 bis 20 Minuten köcheln. In Gläser füllen, die man auf den Kopf stellt, bis der Inhalt völlig erkaltet ist. Das dürfte bei kleinen Mengen als Konservierungsmaßnahme reichen.

COCA DE PATATA

KARTOFFELKUCHEN

In vielen *hornos* sieht man diese mit Puderzucker bestreuten *Cocas de patata*, die eine gewisse Ähnlichkeit mit Dampfnudeln haben. Im täglichen Leben sind die *cocas* die kleinen Konkurrenten der *ensaimada*, und auf den Terrassen der Cafés ist jede zehnte *ensaimada* eine *coca*. Besonders schmackhaft ist die *coca* zur heißen Schokolade, in die sie auch gern gedippt wird.

Zutaten

300 g mehlige Kartoffeln (mit Schale gekocht)
300 g Mehl
150 g Puderzucker
150 g Schweineschmalz
4 Eier
25 g Hefe
Milch
(ergibt 8-12 Stück)

Zunächst die Hefe mit einer Prise Zucker und einem Löffel Mehl in etwas lauwarme Milch einrühren und gehen lassen. Den Puderzucker mit den Eigelb verrühren, dann die Eiweiß unterziehen. Das handwarme Schweineschmalz unterrühren und den Vorteig hinzugeben, bevor das gesiebte Mehl langsam eingearbeitet wird. Wenn eine geschmeidige Masse entstanden ist, die ausgekühlten und gepellten Kartoffeln durch ein feines Sieb passieren und in die Teigmasse einarbeiten.

Ein Backblech mit Schweineschmalz einfetten. Aus der Teigmasse 8 bis 12 gleich große Kugeln formen und mit 10 cm Abstand nach allen Seiten hin auf das Backblech geben. An einem warmen Ort so lange gehen lassen, bis sich das Volumen verdoppelt hat. In einem vorgeheizten Backofen bei 150° je nach Größe 30 bis 40 Minuten backen. Auskühlen lassen und mit Puderzucker bestreuen.

EMPINONADOS

MANDELKUGELN MIT PINIEN-KERNEN

Ursprünglich ein Wintergebäck, das von Allerheiligen bis Weihnachten und in das neue Jahr hinein, zum Fest der Heiligen Drei Könige am 6. Januar, neben *turrón* und *mazapán* (Marzipan) in all seinen Varianten die Auslagen der *hornos*

und die Festtafeln bereicherte. Heute bekommt man die *Empinoñades* das ganze Jahr hindurch.

Zutaten

500 g geschälte Mandeln
400 g feiner Zucker
4 bis 5 Eier
1 Zitrone
1 Messerspitze Zimt (gemahlen)
150 bis 200 g Pinienkerne
Öl für das Backblech
(ergibt ca. 50 Stück)

Die Mandeln fein mahlen. Zunächst den Zucker mit drei Eiern verrühren; die abgeriebene Zitronenschale, den Zimt und die gemahlenen Mandeln hinzugeben. Mit den Händen so lange kneten, bis eine feste, heterogene Masse entsteht. Sollten die drei Eier nicht reichen, ein weiteres und möglicherweise noch ein Eigelb hinzufügen. Die Masse nochmals gut durchkneten und dann ca. 50 gleich große Kugeln formen. Mit Eigelb bestreichen und in den Pinienkernen wälzen. Im sehr stark vorgeheizten Backofen bei 240° 10 bis 12 Minuten backen. Innen muß die Masse feucht und weich bleiben. Vergewissern Sie sich ab der achten Minute, daß die Mandelkugeln nicht austrocknen.

ENSAIMADA LISA

EINFACHE ENSAIMADA

Ensaimada, das Nationalgebäck Mallorcas, wird in achteckigen oder runden Pappkartons quer über die Insel an Bord der Fähren und Flugzeuge nach Spanien und in alle Welt transportiert. Natürlich schmeckt es direkt aus dem Ofen am allerbesten und darf bei keinem mallorquinischem Essen als Dessert fehlen.

Büffet mit verschiedenen Mandelkuchen im
Museum Son Marroig bei Deiá ▷

Zutaten

900 g Zucker (feine Raffinade)
9 Eier
3 kg Mehl (Type 405)
250 g Schweineschmalz
80 g Hefe
1 l Wasser
Puderzucker
(ergibt 40 mittelgroße ensaimadas*)*

Aus Hefe, einer Prise Zucker, etwas warmem Wasser und 1 Eßlöffel Mehl einen Vorteig machen. Das Mehl auf eine Tischplatte geben und in der Mitte eine Vertiefung eindrücken. Zucker, Eier, Wasser und den Vorteig zu einem glatten, geschmeidigen Teig kneten und gehen lassen. Dann Teig mit einem Nudelholz ausrollen und mit dem lauwarmen Schweineschmalz bestreichen und zusammenrollen. Die Rolle in gleiche Scheiben von Daumendicke schneiden und auf gefettete Backbleche geben. Mit einem Handtuch abdecken und 12 Stunden an einen kühlen Ort stellen, bevor sie im vorgeheizten Backofen bei 180 °C gebacken werden.

Unmittelbar vor dem Verzehr werden die *ensaimadas* mit Puderzucker bestreut.

GATO DE ALMENDRA

MANDELKUCHEN

Wahrscheinlich das klassische Dessert auf Mallorca, ohne das ein mallorquinisches Festmahl undenkbar ist. Oft wird der Mandelkuchen mit Mandeleis serviert. Etwas Mallorquinischeres gibt es dann nicht mehr.

Ursprünglich ein Rezept aus dem ›Chopin-Ort‹ Valldemosa, hat es sich nach und nach über die ganze Insel verbreitet, und es lohnt sich immer wieder, ein Stück zu probieren, denn Rezepte für Mandelkuchen (immer ausgehend vom Grundrezept) gibt es mehr als Mandelsorten.

Zutaten

250 g geschälte Mandeln
250 g Puderzucker
8 Eier
1 Vanilleschote
Schale einer Zitrone
1 Messerspitze gemahlener Zimt
Öl zum Einfetten der Form
Puderzucker zum Bestreuen

Den Puderzucker mit Eigelb glattrühren. Die geriebene Zitronenschale, den Zimt und die aus der Schote geschabte Vanille hinzugeben. Die Mandeln fein mahlen und unterrühren. Die Eiweiß steif schlagen, unter die Masse heben und gleichmäßig verrühren. In eine gefettete Springform geben und in einem vorgeheizten Backofen bei 180° 55 bis 60 Minuten backen. Auskühlen lassen und auf einer Tortenspitze anrichten. Dick mit Puderzucker bestreuen.

HELADO DE MELON

MELONENSORBET

Villafranca ist bekannt für die wunderbaren Melonen, die dort wachsen und die sich allesamt für die Sorbetzubereitung eignen. Wie so oft in Ländern und Gegenden, wo Früchte im Überfluß vorhanden sind, neigt man auch auf Mallorca dazu, bei der Zubereitung von Desserts dem reinen, puren Fruchtgeschmack - den Mitteleuropäer so schätzen - nicht soviel

Wert beizumessen, und es besteht die Tendenz, wie auch bei diesem Rezept, den Melonengeschmack mit Anislikör zu parfümieren. Wenn das volle Aroma einer reifen Melone reicht, sollte auf den Anislikör verzichtet oder beide Varianten zubereitet werden, um den Geschmack gegeneinander abzuwägen.

Zutaten

1 große, reife Honig-Melone ca. 1,5 kg
Saft von drei großen Orangen
Saft von zwei Zitronen
400 g feiner Zucker
eventuell weißer Anislikör

Den Zucker in der gleichen Menge Wasser unter ständigem Rühren erhitzen, bis er sich im Wasser aufgelöst hat. Einige Minuten bei milder Hitze köcheln, dann von der Kochstelle nehmen und abkühlen lassen. Die Melone schälen und entkernen. Das Fruchtfleisch pürieren, den Orangen- und Zitronensaft (eventuell den Anislikör) unterrühren. Den abgekühlten Zuckersirup unterziehen und in eine Eisschale füllen. Zunächst im Eisfach halbfest (ca. 50 Minuten) werden lassen, dann noch einmal mit einem schweren Schneebesen kräftig durchrühren und wieder ins Eisfach geben.

Mit frischen Minzblättern und Puderzucker garnieren. Falls Sie sich entschlossen haben, mit Anislikör zu parfümieren, kann auch Aniskraut zur Dekoration verwendet werden.

HELADO DE ALMENDRAS

MANDELEIS

Zutaten

500 g Mandeln
600 g feiner Zucker
2 l Wasser
Zitronenschale
Zimtstange

Die Mandeln sehr fein mahlen. Den Zucker mit dem Wasser, der Zitronenschale, der Zimtstange und der Hälfte der Mandelmasse zum Kochen bringen. Sobald es kocht, die restliche Mandelmasse einrühren und nochmals zum Kochen bringen. Abkühlen lassen und mit der Masse so verfahren, wie beim Melonensorbet.

PERAS AL VINO DE PETRA

BIRNEN IN ROTWEIN AUS PETRA

Petra ist unter anderem für zwei Dinge bekannt: einen kräftigen Rotwein und schmackhafte, feste Birnen. Daraus kann ein einfaches aber köstliches Dessert bereitet werden.

Zutaten

4 große, feste Birnen
1 l Rotwein aus Petra
1/2 Zimtstange
2 Nelken
1 Stück Zitronenschale (1 cm)
80 g Zucker
(für 4 Personen)

Die Birnen schälen (von oben nach unten), Stiel nicht entfernen. Die geschälten Birnen mit dem Rotwein, der Zimtstange, den Nelken, der Zitronenschale und dem Zucker zum Kochen bringen und 12 Minuten köcheln lassen. Zitronenschale, Zimt und Nelken herausnehmen und die Birnen im Rotwein auskühlen lassen. Kalt servieren.

Zimmer Chopins in der Kartause von Valldemosa

ROBIOLS Y CRESPELLS

GEFÜLLTE GEBÄCKTASCHEN UND PLÄTZCHEN

Diese beiden Gebäcke werden immer in einem Atemzug genannt, da aus dem Teig, der bei der Herstellung der köstlichen, mit Kürbismarmelade (Seite 104) oder Quark gefüllten Gebäcktaschen übrigbleibt, Plätzchen, also *crespells,* hergestellt werden.

Zutaten für den Teig

1 kg Mehl
$^1/_2$ Vanilleschote (ausgeschabt)
3 bis 4 Eigelb (je nach Größe)
300 g feines Schweineschmalz
0,1 l Orangensaft (frisch gepreßt)
0,1 l Wasser
150 g Puderzucker
Olivenöl
(ergibt 8 robiols und 10 crespells)

112

Zwei Drittel des Mehls auf den Tisch oder in eine Schüssel geben. In der Mitte eine Mulde formen, Puderzucker, Eigelb (im Orangensaft verrührt) hineingeben und dann von der Mitte aus nach außen untermengen. Das Schweineschmalz bei kleiner Hitze oder im vorgewärmten Backofen schmelzen und handwarm über den entstandenen Teigansatz gießen. Alles gut durchkneten; dabei die Hände immer wieder mit Olivenöl benetzen, damit der Teig nicht an der Hand klebt. Das restliche Mehl sowie lauwarmes Wasser so lange hinzufügen, bis ein gut formbarer Teig entstanden ist. Den Teig 30 Minuten ruhen lassen und dann für die *robiols* so dünn wie möglich ausrollen. Mit einer runden Form von 12 bis 15 cm Durchmesser ausstechen, die Füllung hineingeben, über die Mittelachse zusammenklappen und an den Rändern fest zusammendrücken. Mit Gabel oder Löffel ein Muster in den Rand drücken. Aus dem restlichen Teig ca. 1,5 kg dicke Plätzchen formen und alles im vorgeheizten Backofen bei 120° ca. 60 Minuten backen.

Meistens werden die *robiols* mit Kürbismarmelade gefüllt, aber auch Quark eignet sich gut zum Füllen. Für die Quarkfüllung braucht man:

200 g Speisequark (halbfett)
1 Eigelb
50 g feinen Zucker
geriebene Schale einer Orange und einer halben Zitrone

Alles gut verrühren. Falls die Quarkfüllung verwendet wird, sollte die Innenseite der Gebäcktasche nach dem Ausrollen und Ausstechen mit einem feinen Pinsel dünn eingeölt werden.

Die Kartause von Valldemosa

GETRÄNKE

LECHE DE ALMENDRA

MANDELMILCH

Am Ende des Winters hüllt die Mandelblüte Mallorca Jahr für Jahr in einen weißen Schleier, der die Landschaft wie verzaubert erscheinen läßt und die Menschen immer wieder in seinen Bann zieht. Die Bauern selbst, die noch vor einigen Jahrzehnten ein gutes Geschäft mit der schmackhaften mallorquinischen Mandel machen konnten, sehen die Blütenstände der Mandelbäume weniger romantisch; ihre Mandeln können sich auf dem Weltmarkt gegen kalifornische Produkte - die zwar weniger schmackhaft sind, dafür aber besser aussehen - nicht mehr durchsetzen. Da hilft es wenig, daß die mallorquinischen Mandeln bei Fachleuten immer noch als die Mandeln mit dem größten Aroma und dem ausgeprägtesten Geschmack gelten. Derjenige jedoch, der ›zu Gast auf Mallorca‹ ist, sollte diese Mandeln oder Produkte, die damit hergestellt werden, probieren. Dazu gehört sicher auch ein Glas Mandelmilch, das vielleicht in

einer der wenigen noch funktionierenden Mandelmühlen der Insel hergestellt wird. Das folgende Rezept läßt sich auch mit einer modernen Küchenmaschine zubereiten.

Zutaten

1 kg Mandeln (geschält)
150 g weißer Zucker
2 Zimtstangen
1 Vanillestange
Schale einer Zitrone
3-5 Liter Wasser
(ergibt 4-6 Liter)

Die Mandeln unter ständigem Hinzufügen von Wasser mahlen oder portionsweise mit der entsprechenden Wassermenge im Mahlwerk einer Küchenmaschine bearbeiten. Die Mandelmasse dann mit dem restlichen Wasser unter ständigem Rühren zum Kochen bringen und – ebenfalls unter ständigem Rühren – 15 Minuten kochen lassen. Anschließend Zucker, Zimt, Vanille und Zitronenschale hinzufügen. Rühren, bis das Getränk leicht ausgekühlt ist. Die Mandelmilch wird warm getrunken, schmeckt aber auch kalt am nächsten Tag und eignet sich zum Herstellen eines Mandelsorbets, das traditionell mit Mandelkuchen serviert wird. Bleibt hinzuzufügen, daß es unzählige Zubereitungsarten für Mandeleis, Mandelmilch und Mandelkuchen gibt, da jedes Dorf seine eigenen Varianten und Spezialitäten hat.

HIERBAS

KRÄUTERSCHNAPS

Ein Kräuterschnaps, der sich auf der Insel Mallorca jahrhundertelanger Tradition erfreut. Bereits Raimundus Lullus, der große mallorquinische Philosoph des 13. Jh.s, empfahl *Hierbas* als Lebenselixier und Medizin. Tatsächlich ist

Mandelmühle in Santa Maria

die Qualität aufgrund der außergewöhnlichen Vielfalt und Geschmacksintensität der Kräuter auf Mallorca bemerkenswert.

Der Gast auf Mallorca wird in vielen Gasthöfen und auch bei Freunden erleben, daß ein Mahl erst dann richtig beendet ist, wenn eine Flasche *Hierbas* die Runde macht. *Hierbas* ist in drei Varianten bekannt: *secas* (Trocken), *semi-secas* (Halbtrocken) und *dulces* (Süß).

PALO

APERITIF

Dieser dunkelbraune Aperitif, der aus den Früchten des Johannisbrotbaums gewonnen wird, ist das authentischste Getränk Mallorcas. *Palo* wird unseres Wissens nach nur hier hergestellt und auch nur auf Mallorca getrunken; er wird natur, auf Eis oder mit Soda, getrunken. Die Frucht des Johannisbrotbaums verleiht dem dickflüssigen, dunkelbraunen Schnaps ein unverwechselbares Aroma. *Palo* erfreut sich nicht uneingeschränkter Beliebtheit wie *Hierbas*, dazu ist er zu eigenwillig, aber er repräsentiert sicher ein Aroma dieser Insel, dessen man sich gern erinnert wird, wenn man *Palo* einmal getrunken hat.

Eisenbahn von Sóller nach Palma

Die Schreibweisen der Orte sind auf verschiedenen Karten und auch auf den Straßenschildern auf der Insel unterschiedlich, manchmal spanisch, manchmal mallorquinisch.

Die Schreibweise dieser Landkarte und der entsprechend vorkommenden Orte im Buch richtet sich nach der offiziellen Karte des Servicio Geografico Del Ejercito.

◁ ›Abacanto‹ bei Palma

Mittelmeer

Bahía de Sc

Punta de Sa Foradada

Deya

Cala de Valldemosa

Valldemo

Bañalbufar

Punta de Son Serralta

Estellenchs

Esporlas

Cala de Ses Ortigues

Galatzo

71

Puigpuñent

Illa Dragonera

San Telmo

PALMA DE MALLORCA

S'Arraco

Andraitx

Calviá

Pto. Andraitx

Paguera

Illetas

Cap de Sa Mola

719

Palma Nova

Illes Malgrats

Bahía de Palma

Cap de Cala Figuera

Mallorca

0   N   10 km

Cap de Cataluña

Cabo Formentor

Cala Castell

Punta Beca

Port de Pollensa

Pollensa

Bahía de Pollensa

Cap Pinar

710

Morro de Sa Vaca

Cala Tuent

Alcudia

de
Rotja

Sa Calobra

Escorca

Monasterio de Lluch

Bahía de Alcudia

Cabo Farruch

de Sóller

Alfabia

713

La Albufera

Cala Matsoch

Fornalutx

de

Campanel

La Puebla

Ca'n Picafort

Cabo del Freu

Sóller

Orient

Muro

712

Colonia de
San Pedro

Cabo de
Capdepera

rra

Lloseta

Son Serral

Artá

Cala Ratjada

Alaro

Inca

Santa Margarita

Llubi

715

Cap Vermel

Binisalem

Maria de la Salud

Cap de's Pinà

ola

Sineu

Ariany

Son
Servera

Santa Maria

San Lorenzo
Descardazar

Cala Bona

Santa Eugenia

Petra

Cala Millor

nt d'Inca

San Juan

Punta Amer

Montuiri

Manacor

Cala Moreya

Sant Jordi

Algaida

Villafranca
di Bonany

Porto Cristo

Ca'n Pastilla

Randa

Monasterio de Nostra
Señora de Cura

Porreras

714

Cala Manacor

El Arenal

Lluchmayor

Cala Anguila

Cala Virgili

a

Santuario de Montesió

Felanitx

Cala Murada

717

Porto
Colom

Campos del
Puerto

Ca's Concos

Carritx

Punta de Ses Cretes

Cala Mitjana

de

Cala d'Or

na

El Estanyol

La Rápita

Porto Petro

Punta Galera

abo Blanco

Las Covetas

Santany

Cala Mondragó

Punta Piana

Ses Salines

Colonia de
Sant Jordi

Cala Llombarts

Cabo Salinas

MÄRKTE

An folgenden Wochentagen finden in folgenden Städten Mallorcas Wochenmärkte statt:

ALARO	Freitag nachmittags
ALCUDIA	Dienstag und Sonntag vormittags
ALGAIDA	Freitag vormittags
ANDRAITX	Mittwoch vormittags
ARENAL (EL)	Donnerstags (Großmarkt) Freitag und Samstag vormittags
ARIANY	Dienstag vormittags
BINISALEM	Freitag vormittags
BUGER	Samstag vormittags
BUNYOLA	Samstag vormittags
CALA RATJADA	Samstag vormittags
CALVIA	Montag vormittags
CAMPANET	Dienstag vormittags
CAMPOS	Donnerstag und Samstag vormittags
CA'N PASTILLA	Donnerstag vormittags
CA'N PICAFORT	Dienstag und Freitag nachmittags
CAPDEPERA	Mittwoch vormittags
COLONIA DE SANT JORDI	Mittwoch vormittags
COSTIX	Samstag vormittags
ESPORLES	Samstag vormittags
FELANITX	Sonntag vormittags
INCA	Sonntag vormittags
LLORET DE VISTALEGRE	Montag vormittags
LLOSETA	Samstag vormittags
LLUBI	Dienstag vormittags
LLUCHMAYOR	Mittwoch, Freitag und Sonntag vormittags
MANACOR	Sonntag vormittags
MARIA DE LA SALUT	Freitag vormittags
MARRATXI	Mittwoch und Freitag vormittags
MONTUÏRI	Montag vormittags
MURO	Sonntag vormittags
PALMA	Samstag vormittags (Großmarkt Avenidas) Montag vormittags (Mercat Artesanal Placa Major)
PAGUERA	Sonntag vormittags
PETRA	Mittwoch vormittags
LA PUEBLA	Sonntag vormittags
PORT DE POLLENSA	Mittwoch vormittags
POLLENSA	Sonntag vormittags
PONT D'INCA	Freitag vormittags
PORRERES	Dienstag vormittags
SAN LORENZO DESCARDAZAR	Donnerstag vormittags
SANT JOAN	Donnerstag vormittags
SANTA EUGENIA	Freitag vormittags
SANTA MARGALIDA	Dienstag und Samstag vormittags
SANTA MARIA DEL CAMI	Sonntag vormittags
SANTANYI	Mittwoch und Freitag vormittags
SELVA	Mittwoch vormittags
SENCELLES	Mittwochs
SES SALINES	Donnerstag vormittags
SINEU	Mittwoch vormittags
SOLLER	Samstag vormittags
SON SERVERA	Freitag vormittags
VALLDEMOSA	Sonntag vormittags
VILLAFRANCA DE BONANY	Mittwoch vormittags

Markt in Lluchmayor

FESTE UND PROZESSIONEN

Januar

5. Januar - Palma de Mallorca

FESTZUG DER HEILIGEN DREI KÖNIGE

Die Drei Könige aus dem Morgenland kommen am späten Nachmittag per Schiff im Hafen von Palma de Mallorca an, wo sie mit Fackelbeleuchtung und Feuerwerk begrüßt werden.

Anschließend beginnt der Festzug. Zuerst begibt er sich zur Plaza Cort und zum Rathaus, wo er vom Stadtrat feierlich begrüßt wird. Dann zieht er durch die wichtigsten Straßen von Palma, und überall stehen die jauchzenden Kinder, die aufgeregt und hoffnungsvoll zu den Wagen voller Spielzeug, das traditionsgemäß von den Königen verteilt wird, hinaufschauen.

16. Januar - Artá, Costix, La Puebla, Manacor, Manacor del Valle, Santa Eugenia, Santa María del Camí

REVETLA DE SANT ANTONI ABAT
FESTABEND DES HL. ANTONIUS/ABT

Traditionelles mallorquinisches Fest mit *fogueron*s (Freudenfeuer). Die größte Feier findet in La Puebla statt, wo dieses Fest 1365 seinen Ursprung hatte. Am Vorabend des Namenstages dieser Heiligen werden abends in den Dorfstraßen große Freudenfeuer angezündet. Um dieses Feuer herum tanzt die maskierte Bevölkerung und singt alte Lieder unter Begleitung von Hirtentrommeln oder *ximbombes* und Tamburinen. Dabei werden die traditionellen *espinagades* (Rezept Seite 51) gegessen. Es ist Brauch, im Laufe des Abends allen im Dorf angezündeten Freudenfeuern einen Besuch abzustatten.

Dreikönigsfest in Palma

17. Januar - Palma, Costix, Manacor, San Juan, La Puebla und Petra

BENEIDES DE SANT ANTONI
SEGEN DES HL. ANTONIUS

Dieser Festzug findet in allen Bauerndörfern der Insel statt, um den Schutz des hl. Antonius für die Tiere zu erbitten. Sowohl Zugtiere als auch Traber, Haustiere und Wagen nehmen teil, um den Segen des Heiligen gegen Krankheiten und Seuchen zu erhalten.

17. Januar - Pollensa

PI DE SANT ANTONI
DIE PINIE DES HL. ANTONIUS

An diesem Tag geht die Jugend in den Wald, um einen Pinienstamm zu fällen. Nachdem alle Zweige und Äste entfernt worden sind, wird er vor der Kirche aufgerichtet und mit Seife eingerieben. Demjenigen, dem es gelingt hinaufzuklettern, erhält die Belohnung, die oben an dem Mast hängt.

17. Januar - Artà

COLCADES DE SANT ANTONI
REITERZUG DES HL. ANTONIUS

Dieser Festzug verläuft über den traditionellen Weg durch die Straßen der Gemeinde. Alt und Jung nehmen mit den verschiedensten Tieren und mit Wagen, die Erlebnisse aus dem Leben des Heiligen darstellen, daran teil. Während des Festzuges wird das Bildnis des Heiligen von ›Teufeln‹ geplagt: als Darstellung der Versuchungen, die er durchlitt.

19. Januar - Palma, Costix

REVETLA DE SAN SEBASTIAN
VORABEND ZUM FEST DES HL. SEBASTIAN

An diesem Abend werden typische Freudenfeuer angezündet, um die herum gesungen und getanzt wird. Bei dieser Gelegenheit werden auch die typisch einheimischen Gerichte und Blechkuchen gegessen.

20. Januar – Pollensa

FIESTA DE SAN SEBASTIAN
FEST DES HL. SEBASTIAN

Zu diesem Fest wird eine Prozession veranstaltet. Eine Fahne, *Estandart*, mit dem Bildnis des Heiligen, wird herumgeführt, während *Cavallets* oder junge Tänzer, die um den Körper ein Pferd aus Pappe tragen, die Gangart dieses Tieres nachahmen und alte Tänze aufführen.

Januar in Mallorca

Die Stadtverwaltung von Palma bietet während des gesamten Monats Veranstaltungen kultureller und volkstümlicher Art an, wie z. B. Konzerte, Schauspiele und Ausstellungen. Informieren Sie sich!

Februar

Karneval – Montuiri

DARRERS DIES A MONTUIRI
LETZTE TAGE IN MONTUIRI

Glanzvolles Fest zum Karnevalsabschluß. Freudenfeuer und Stände mit Speisen und Getränken. Erwähnenswert ist der große Zulauf von Kostümierten.

Karneval-Woche – Palma, Playa de Palma, Nova, Magalluf

SA RUA
DIE STRASSE

Maskenzug und Musik am Hafen von Palma.

März – April

Ab Palmsonntag – Palma

FERIA DE RAMOS
PALMENMARKT

Auch Palme *(Ram)* genannt. Er behält seine Attraktion als örtlicher Markt, einst entstanden

neben den einfachen Ständen für die frommen Christen, die zu Palmsonntag das Hl. Antliz in der Kirche von Santa Margarita besuchen. Noch heute kommt man aus allen Richtungen der Insel dorthin, und immer erkennt man diesen traditionellen Besuch an den Zweigen, die von den Leuten getragen werden.

4. Fasten-Sonntag – San Juan

FIESTA DEL ›PA I PEIX‹
BROT-UND-FISCH-FEST

Wallfahrt zur Tröstungskapelle, in Erinnerung an den Fund, *Trobada*, im Jahre 1400, als laut Überlieferung ein Hirtenknabe, ein maurischer Sklave aus Solanda, in dem Stamm eines alten Olivenbaums am Tröstungsberg ein Bild von der Hl. Jungfrau der Tröstung fand. Bei dieser Wallfahrt werden Törtchen oder *Coquetes* aus ungesäuertem Teig gegessen, als Erinnerung an das Wunder der Vermehrung von Brot und Fisch. Daher der Name dieses Festes. Auch typisch für diese Feierlichkeit sind die Volkstänze und die Blumengaben an die Hl. Jungfrau.

Karwoche – Palma

GRÜNDONNERSTAG UND KARFREITAG

Die Tradition der Karwoche von Palma stammt aus dem 16. Jh. und bezieht sich hauptsächlich auf die Volkverehrung für das Bildnis des gekreuzigten und blutenden Christus, genannt *La Sang*, das Blut, das sich in der Kirche des alten Spitals befindet. Am Donnerstag führt eine Prozession dieses Bild durch die Straßen, dabei des Kreuzwegs gedenkend. Am Freitag, während der Prozession des Schweigens oder der Hl. Bestattung, findet in der Kirche Nuestra Señora del Socorro eine anrührende Darstellung der Grablegung statt.

Karwoche – Sineu

KARFREITAGS-PROZESSION

Kreuzabnahme Christi im Viertel des Kalvarienberges, *Calvari*. mit Rosenkranz und Predigt. Anschließend folgt eine Prozession, die der Grablegung Jesu und der Einsamkeit seiner Mutter

Maria gewidmet ist. Von der Kirche aus geht sie, von allen Bruderschaften begleitet, zur Reliquie des Wahren Kreuzes.

Karwoche - Pollensa

KARFREITAG: *DAVALLAMENT* KREUZABNAHME

Diese Tradition stammt aus dem Mittelalter. Abends bringen die Einwohner der Stadt schweigend, in der örtlichen Tracht, unter Fackelbeleuchtung das Bildnis des toten Christus' vom Oratorium des Kalvarienbergs auf den Hügel über dem Ort zur Pfarrkirche Nuestra Señora de los Angeles.

Dienstag nach Ostern - La Puebla

WALLFAHRT ZUR KAPELLE VON CRESTAIG

Das Oratorium von Crestaig ist das ursprüngliche Zentrum von La Puebla. Um die Klause herum befinden sich wertvolle archäologische Funde. Bei der Wallfahrt handelt es sich hauptsächlich um die Segnung des Brots, *Pancaritat*. Der Zug verläßt die Kirche und durchkreuzt die Stadt. Die vielen Teilnehmer gehen zu Fuß, mit Karren und anderen Fahrzeugen. Es werden *panades* (Pasteten mit Fleisch), *robiols* (Pasteten mit Marmelade) und *cocarrois* (Pasteten mit Gemüse/Rezept Seite 45) gegessen. Dann folgt der Wettbewerb der *Tonades*, Lieder die während der Arbeit auf dem Lande gesungen werden. Jede Arbeit - die Aussaat, die Ernte, das Dreschen - hat ein eigenes Lied, mit eigenem Rhythmus und eigenem Text.

Dienstag nach Ostern - Llubí

WALLFAHRT ZUR CHRISTUS-KLAUSE

Auch ein typisches Treffen für *Pancaritat*. Alte Tradition, die auf das 15. und 16. Jh. zurückgeht. Damals wurde unter anderem Brot für die Notleidenden gesegnet, heute werden während der Woche nach Ostern hauptsächlich Wallfahrten zu den Klausen und Kapellen der Insel unternommen.

Dienstag nach Ostern - Campanet

WALLFAHRT ZUM ORATORIUM DES HL. MICHAEL

Prozession-Wallfahrt mit dem Bild Christi aus San Miguel, das von der Pfarrkirche bis zum Oratorium geführt wird, wo verschiedene liturgische Handlungen stattfinden und Volkstänze aufgeführt werden. Anschließend geht das Fest weiter in den bekannten Höhlen von Camanet, wo zu der Gelegenheit eine Kirmes stattfindet.

Dienstag nach Ostern - Petra, S. Juan, Villafranca

WALLFAHRT ZUR KLAUSE BONANY

Die Einwohner dieser Dörfer machen an diesem Tag eine Osterwallfahrt.

Dienstag nach Ostern - Montuiri

FESTA D'ES PUIG FEST AM BERG

Wallfahrt zum Puig de San Miguel, etwa 2 km vom Ort entfernt. Rege Teilnahme der Einwohner.

Mittwoch nach Ostern - Algaida

WALLFAHRT ZUR KLAUSE LA PAU CASTELLITX

Mit Wagenzug geht es vom Dorf bis zur Klause, wo das Volksfest stattfindet: Messe, Mallorquinische Tänze, Liederwettbewerb, usw.

Mittwoch nach Ostern - Lloseta

WALLFAHRT ZUM COCO

Die Wallfahrt führt zur Kapelle von Nuestra Señora de Lloseta, in Erinnerung an den Fund des Bildnisses der Hl. Jungfrau von Lloseta; der Ort, wo dieses Bildnis gefunden wurde heißt ›el Cocó‹, daher der Name. Das Bildnis wurde 1233 gefunden, die Wallfahrtstradition begann aber erst Anfang des vorigen Jahrhunderts. Auch hier wird eine *Pancaritat* veranstaltet.

Erster Sonntag nach Ostern - Inca

FEST VON SANTA MAGDALENA

Seit 1200 wird an diesem Tag eine Wallfahrt zur Klause von Santa Magdalena unternommen. Die Teilnehmer gehen 4 km zu Fuß. Vor Ort gibt es dann verschiedene religiöse und feierliche Veranstaltungen.

Erster Sonntag nach Ostern - Alaró

WALLFAHRT ZUM SCHLOSS

Das Schloß wurde vor der Wiedereroberung gebaut und 1231 durch den König Jaime erobert. Die Teilnehmer gehen zu Fuß zum Schloß hoch und verbringen dort oben den Tag.

Erster Sonntag nach Ostern - Porreres

WALLFAHRT ZUR KAPELLE MONTESION

Diese Kapelle wurde 1498 über die alte Klause gebaut. Hier, wie in Randa und Santa Magdalena, stand eine der drei damals auf dem Land bestehenden Unterrichtsstätten. Es finden verschiedene Feierlichkeiten statt, u. a. Tänze.

Mai

Ohne festes Datum - Puerto de Sóller

SES VALENTES DONES
DIE TAPFEREN FRAUEN

Anfang des Monats gedenkt eine Festlichkeit des Sieges von 1561 über den türkischen Freibeuter Otxali, der mit 22 Schiffen und 1700 Mann landete. In dem Kampf machten sich besonders der Kapitän Angelats und zwei Frauen, Francisca und Catalina Casanovas, »Die tapferen Frauen« von Can Tamany, verdient. Während des Festes wird von jungen Leuten aus der Stadt ein Scheingefecht zwischen Mauren und Christen vorgeführt. Es gilt als eine Ehre, für diese Darstellung auserwählt zu werden. Am gleichen Tag findet noch ein allegorischer Wagenzug statt, der den verschiedenen Themen und Ereignissen des Sóller-Tals gewidmet ist.

Juni

12.-13. Juni - Artá

SAN ANTONI DE JUNY
SANKT ANTONIUS

Diese Feier steht in Verbindung mit der Gründung des Franziskanerklosters im Jahre 1581. Erwähnenswert ist die Teilnahme der *Cavallets* (Pferdchen) - Tänzer, die ein Pferd um den Körper tragen und verschiedene Tänze aufführen.

23.-24. Juni - Muro

FEST DES HL. JOHANNES

Dieses Volksfest findet seit dem 13. Jh. statt mit Vorstellungen aller Art: Tanz, Stierkampf, Theatervorführungen, usw.

24. Juni - San Juan

FESTA D'ES SOL QUI BALLA
FEST DER TANZENDEN SONNE

Während dieses Festes werden Werkzeuge und Maschinen für die Landwirtschaft, Erzeugnisse vom Lande, Tiere, Jagdhunde, Pflanzen und Blumen präsentiert. Es wird auch das Scheren der Schafe mit der Schere, *Tondra amb Estidores*, vorgeführt und verschiedene volkstümliche Veranstaltungen.

29. Juni - Puerto de Alcudia

FEST DES SCHUTZHEILIGEN PETRUS

Den alten Fischern wird gehuldigt, und es findet eine Wallfahrt, zum Teil über Land, teilweise auf dem Meer, zu Ehren des Heiligen statt.

30. Juni - Marratxí

WALLFAHRT VON SAN MARCAL

Der Zweck der Wallfahrt zum Schutzheiligen des Ortes ist es, Linderung der rheumatischen Schmerzen zu erbitten. Nebenbei findet ein Markt der berühmten *Siurells* und anderer Keramikgegenstände statt. Die *Siurells* sind kleine Tonfiguren von 7 bis 20 cm deren Ende eine kleine Tonpfeife aufweist. Die Figuren stellen verschiedenste volkstümliche Urbilder vor: die Dame, den Reiter, den Stier, den Hirten, den Riesen, den Zwerg, den Teufel usw. Die Form wird verziert mit Strichen, Tüpfelchen oder Blumen in roter, grüner, blauer und gelber Farbe, die sich auf dem weißen Hintergrund der Figur sehr deutlich abzeichnen. Diese Tonfiguren sind typisch für Mallorca.

Juli

2. Juli – Alcudia

WALLFAHRT ZUR SIEGREICHEN JUNGFRAU

Diese Wallfahrt geht zur Siegeskapelle, 6 km von Alcudia entfernt. Oben auf dem Berg gleichen Namens veranstalten die Teilnehmer typische Volkstänze: *Corregudes de joias balls de jotas Boleros.*

16. Juli – Puerto Andraitx

FEST DER VIRGEN DEL CARMEN

Fischerfest, das in allen Häfen der Insel zur Ehre der Beschützerin der Fischer stattfindet. Auf dem Meer werden in folgenden Orten Prozessionen veranstaltet:

13.–16. Juli – Cala Ratjada
Schiffszug, bei dem die Fischer bengalisches Feuer entfachen.

16. Juli – Puerto de Sóller
Nächtliche Prozession auf dem Meer. Die Schiffe sind beleuchtet, und am Strand brennen Fackeln, während die Lichter der Häuser ausgeschaltet bleiben.

25. Juli – Calvià
Verschiedene Veranstaltungen, insbesondere die *Nit Mallorquina* also die Mallorquinische Nacht, mit Liedern und Volkstänzen.

25. Juli – Alcudia
Alle drei Jahre findet die *Trienal del Santo Christo,* die Triennale zu Ehren Christi, mit einer ergreifenden Prozession statt.

27. Juli – Valldemosa

PASSEJADA D'ES BOU

Altmallorquinischer Brauch, bei dem ein Jungstier an langen Stricken geführt und umringt von den Burschen des Ortes durch die Dorfstraßen geführt wird.
Processo, Prozession mit den Reliquien der mallorquinischen Heiligen im Anschluß an die *Passejada d'es Bou* durch die Straßen des Ortes.

28. Juli – Valldemosa

CARRO TRIUMFAL TRIUMPHWAGEN

Für diese Kavalkade wurde im vorigen Jahrhundert eine Bruderschaft gegründet, wobei jedes Mitglied einen Beitrag beisteuert, der ihm das Recht auf Kuchen und auf Anhalten des ›Triumphwagens‹ vor seinem Hause gibt, wo dann ein der hl. Catalina gewidmetes Lied gesungen wird. Die große Anzahl Mitglieder bedingt, daß eine Kalvalkade die ganze Nacht dauert. Ein kleines Mädchen, jedes Jahr ein anderes, stellt die mallorquinische Heilige Catalina Tomás in ihren Kinderjahren dar. Andere bilden ihren Hofstaat, Bauern reiten auf Eseln, die Dienerschaft trägt Fackeln usw., und alle zusammen ziehen durch die Straßen und singen dabei traditionelle Lieder der *Sor Tomasseta,* Schwester Tomasseta, der einzigen mallorquinischen Heiligen. Es ist ein richtiges Volksfest. Der Triumphwagen, begleitet von anderen Wagen, die von Tieren gezogen werden, zieht durch den ganzen Ort.

August

2. August – Pollensa

FEST VON NUESTRA SEÑORA DE LOS ANGELES

Bei dieser Gelegenheit finden verschiedene religiöse und volkstümliche Veranstaltungen statt: Märsche und Prozessionen der *Madre de Deu dels Angels,* oder ›Muttergottes der Engel‹. Es gibt ein Feuerwerk und das Scheingefecht zwischen Mauren und Christen als Erinnerung an die Heldentat des Joan Mas am 31. Mai 1550 gegen die türkischen Piraten.

Während dieses Festes findet auch das Internationale Musik-Festival statt. Seit 18 Jahren und gefördert vom bekannten Musiker Philip Newman, treten die besten Künstler der Welt im Kloster von Santo Domingo auf. Gleichzeitig präsentiert man auch noch eine Internationale Ausstellung bildender Kunst.

10. August – Selva

FEST DES SCHUTZHEILIGEN LAURENTIUS

Bei der Gründung der Gemeinde im 16. Jh. wurde der Märtyrer Laurentius zum Schutzheiligen ernannt, und seitdem findet an jedem Namenstag dieses Heiligen ein Fest statt, das von der Bevölkerung mit Begeisterung und Liebe begangen wird. Zum Abschluß am Abend des 10. Augusts tritt die örtliche Volksgruppe *Aires de Muntanya* auf. Diese Gruppe wurde 1930 von den Geschwistern Sastre Font gegründet. Sie widmet sich der Darbietung von mallorquinischen Liedern und Tänzen in der Originalfassung, mit typischen Arbeits- und Feiertagstrachten. Die im reinsten Stil dargestellten Lieder und Tänze werden durch die prächtigen Kostüme aus dem vorigen Jahrhundert hervorgehoben.

16. August – Alaró

FEST DES SCHUTZHEILIGEN ROCHUS

1652 rettete der hl. Rochus die Gemeinde vor der Beulenpest. Als Gedenkfeier gibt es zur Ehre des Heiligen verschiedene religiöse und volkstümliche Veranstaltungen: Wagenzug mit allegorischen Darstellungen der örtlichen Begebenheiten.

Fest der Ortsheiligen von Lluchmayor im August

24. August – Montuiri

FEST DES HL. BARTOLOMÄUS

Schutzheiliger des Ortes ist der hl. Bartolomäus, und während der Feierlichkeit tanzen zu seiner Ehre *Els Cosiers* die ältesten Tänze Mallorcas. Diese Gruppe besteht aus sechs Tänzern, einer Frau, die den Tanz ausführt und einem Teufel oder *dimoni* mit einem groben Gewand, einer Maske, Hörnern und Schwanz. Erwähnenswert sind vor allem die Tänze *L'Oferta*, Die Gabe, der in der Kirche während der Messe aufgeführt wird, und *Els Mocadors*, Die Tücher: Die Tänze enden mit dem Sieg des Guten, die Frau hält den ›Teufel‹ mit dem Fuß am Boden.

24. August – Capdepera

TRABRENNEN ZU EHREN DES HL. BARTOLOMÄUS

Zur Ehre des hl. Bartolomäus findet das typische Trabrennen statt, eine in der Gegend seit jeher beliebte Tradition, die langsam verloren gegangen war und neu belebt wird. Das Trabrennen auf dem Landgut ›Es Camp Roig‹ ausgetragen.

28. August – Felanitx

FEST DES HL. AUGUSTINUS

Zu den aus dem Mittelalter überlieferten Traditionen gehört der Tanz *Es Cavallets*, ›Die Pferd-

chen‹. Die Tänzer, mit einer Pferdefigur um den Körper, führen verschiedene Figuren aus: Prozession, Kette, Ringauf.

29. August – San Juan

FEST DES SCHUTZHEILIGEN JOHANNES

Hervorzuheben sind folgende Veranstaltungen: Aufzug mit Teufeln, Großköpfen und Dudelsäcken und der typische Wettbewerb des *Tir de Bassetja* oder *Fona*: Schleuderwerfen, eine Tradition, die zurückgeht auf die Heldentat des berühmten und bewunderten Balearischen Schleuderers.

Zweiter Augustsonntag – Lluchmayor

FESTE DER SANTA CANDIDA

Seit jeher wird an diesem Tag gefeiert, mit einem Aufzug von Riesen, Großköpfen, *Xirimies* oder Dudelsäcken, dazu werden mallorquinische Tänze und Theater aufgeführt.

September

Playa de Palma und Palma Nova-Magalluf

Im Laufe des Monats werden unter dem Motto »Playa de Palma ist ein einziges Fest« verschiedene Volksfeste veranstaltet, darunter eine Miss-Wahl.

21. September – Bunyola

FEST DES HL. MATTHÄUS

Am Vorabend werden örtliche Tänze aufgeführt, und der Chor *Choral Polifonica de Bunyola* gibt zusammen mit dem Orchester der Stadt Palma ein Konzert. Diese Feierlichkeiten sind über 200 Jahre alt.

Erster Septembersonntag – Santa Margarita

PROZESSION DER *BEATA*, DER GLÜCKSELIGEN

Prachtvoller Aufzug mit Wagen und Gruppen in mallorquinischen Trachten, die Krüge tragen.

Diese Krüge werden von ›Teufeln‹ weggenommen und vor den Füßen der Heiligen Catalina Tomás zerbrochen. Der ganze Weg wird von bengalischen Feuern in allen Farben beleuchtet. Dieses Fest ist über ein Jahrhundert alt.

Zweiter Septembersonntag - Vilafranca de Bonay

FESTA D'ES MELÓ
MELONENFEST

Einzigartiges Fest, erst vor einigen Jahren ins Leben gerufen, um die Melonenproduktion zu fördern. Es finden verschiedene Veranstaltungen statt, die Melonen können kostenlos probiert werden.

Letzter Septembersonntag - Binisalem

FESTA D'ES VERMAR
FEST DER WEINLESE

Auf dem Kirchplatz finden den ganzen Tag über verschiedene religiöse und volkstümliche Veranstaltungen statt: Messe, Weintraubenfest, Ankunft der *Vermadors* und *Xeremiers*, der Weinleser und Dudelsackpfeifer, Segnung des Mostes und Opfergabe desselben durch die *Vermadora Mayor*, die ›Erste Weinleserin‹ und ihr Gefolge an die Hl. Jungfrau von Rubines. Volkstümliche Lobgesänge und Öffnung der Weinfässer zur Probe; Tanz und Feuerwerk. Diese Feierlichkeiten sind eine Auswahl der Traditionen, die in jedem Haus zur Weinlese gepflegt werden.

Oktober

Erster Oktobersonntag - San Juan

FESTA D'ÉS BUTIFARRO
FEST DER BLUTWURST

Die *Berenada de Butifarro Illengonisa* (Imbiß mit einheimischen Wurstwaren) und typischen Freudenfeuern sowie Volkstänzen, Dudelsäcken und Großköpfen. Die *Coca am Trampó* (Typische Gemüsekuchen) wird verkauft. Mit den Jahren wurde das Fest zu einer beliebten Tradition.

Sonntag - Palma

La BEATETA

Gedenkt der Ankunft der *Beateta,* der Seligen Catalina, in Palma. Der Reiterzug zieht durch die Straßen der Stadt, ähnlich wie in Valldemosa.

Letzter Oktobersonntag - Petra

FESTA D'ÉS BUNYOL
KRAPFENFEST

Nach den sportlichen und kulturellen Veranstaltungen wird am Vorabend *Revetia* ein Imbiß *Berenada de Butifarrons y Sobrasada* mit den typischen Wurstwaren und Krapfen organisiert.

Dezember

31. Dezember - Palma

FESTA DE L'ESTENDARD
FAHNENFEST

Die Stadt Palma gedenkt der christlichen Eroberung der Stadt durch den König Jaime II., ›dem Eroberer‹ vom 31. Dezember 1229, mit einem religiösen und volkstümlichen Fest. Am Morgen bringt der Stadtrat mit größter Feierlichkeit das Königliche Banner vom Rathaus zur Plaza de Cort, dem Rathausvorplatz, wo es zur Schau gestellt wird. Dann geht der Zug zur Messe in die Kathedrale. Das Fest wird von Musik und Tänzen begleitet.

Diese Gedenkfeier begann in den ›Jahren unmittelbar nach der Eroberung. Damals fand eine prachtvolle Kavalkade, *La Colcada*, mit Teilnahme von Vertretern der ganzen Stadt statt. Dem Königlichen Banner - Fahne der Könige von Aragon und Grafen von Barcelona - wurde eine Huldigung dargebracht, und die König Jaime II. zugeschriebenen Waffen wurden ausgestellt.

Die Kathedrale von Palma ▷

SEHENSWÜRDIG-KEITEN

Museen und Sammlungen

Palma

Almudaina Palast.
Palau Almudaina, Palau Reial, ✆ 71 42 68
Öffnungszeiten: 9.30-13.30 Uhr und 16-18.30 Uhr, feiertags 9.30-13.30 Uhr, samstagsnachmittags und sonntags geschlossen

Arabische Bäder.
Serra, 3, ✆ 72 15 49
Öffnungszeiten: 10-13.30 Uhr und 16-18 Uhr täglich

Bellver-Schloß.
Städtisches Geschichtsmuseum, ✆ 23 06 57
Öffnungszeiten: Oktober-März 8-18 Uhr
April-September 8-20 Uhr täglich, sonntags: Museum und Säle geschlossen

Die Börse. Sa Llonja.
Paseo Sagrera, ✆ 71 17 05
Geöffnet bei Ausstellungen
Öffnungszeiten: 11-14 Uhr und 17-21 Uhr, montags geschlossen

Fundació Pilar i Joan Miró.
Son Abrines, Carrer Saridakis 30/31, Cala Mayor
Joan Miró lebte von 1945 bis zu seinem Tode 1983 auf Mallorca. Sein Atelier ist zum Museum ausgebaut worden und wird von der Stiftung Fundacio Pilar i Miró - einer Verfügung Mirós entsprechend - als Begegnungsstätte für Künstler verwaltet.

Haus der Schönen Künste.
Ausstellungssaal C/. Unio, 3, ✆ 71 24 89
Öffnungszeiten: 11-13.30 Uhr und 18-21 Uhr, sonn- und feiertags geschlossen

Kirchenmuseum Mallorca.
Museo Iglesia de Mallorca, Mirador, 7, ✆ 71 40 63
Öffnungszeiten: 10-20 Uhr täglich, sonntagsnachmittags geschlossen

Königliches Archiv.
Ramón Llull, 3, ✆ 72 59 99
Öffnungszeiten: 9-14 Uhr und 16-20 Uhr samstags 9-13.30 Uhr, sonn- und feiertags geschlossen

Mallorca-Museum.
Museo de Mallorca, Portella, 5, ✆ 71 75 40
Öffnungszeiten: 10-14 Uhr und 16-19 Uhr, sonntags 10-14 Uhr, montags geschlossen

Museum der Kathedrale.
Palau Reial, 29, ✆ 72 31 30
Öffnungszeiten: 10-12.30 Uhr und 16-18.30 Uhr, samstags 10-13.30 Uhr, sonn- und feiertags geschlossen

Sammlung Krekovic.
Ciudad de Queretaro, ✆ 24 66 62
Öffnungszeiten: montags bis samstags 10.30-13.30 Uhr, sonn- und feiertags geschlossen

Sammlung La Porciúncula.
Padre Bartolomé Salvá, ✆ 26 00 02
Telefonisch Besuch verabreden

Solleric Palast.
Palau Solleric, San Cayetano, ✆ 10 72 20 92
Öffnungszeiten: 11-13.30 Uhr und 17-20.30 Uhr, samstags 11-13.30 Uhr, sonntags und montags geschlossen

Spanisches Dorf. Pueblo Espanol.
Capitán Mesquida Veny, 39, ✆ 23 70 75
Öffnungszeiten: 9-20 Uhr täglich
Kunsthandwerkstatt 10-18 Uhr

Das Atelier Mirós

Kirchen

Kathedrale ›La Seo‹
mit angegliedertem Kirchenmuseum
Öffnungszeiten: 10–12.30 und 16–18.30 Uhr,
samstags 10–14 Uhr, sonntags keine Besichtigung
Die Kathedrale ist das Wahrzeichen von Palma,
ein Meisterwerk gotischer Architektur, an dem
vier Jahrhunderte (12. bis 16. Jh.) gebaut
wurde. Die »Kathedrale des Lichts«, wie sie
auch genannt wird, gilt als eines der schönsten
christlichen Gotteshäuser.

Santa Eulalia.
Plaza Santa Eulalia, 2, ✆ 71 46 25
Öffnungszeiten: 7–13.30 Uhr und 17–21 Uhr,
samstags 7–13.30 Uhr und 16–21 Uhr, sonn-
und feiertags 8–13.30 Uhr und 17–21 Uhr

Santa Magdalena.
Plaza Sta. Magdalena, ✆ 71 51 54

Sta. Catalina Tomás-Kapelle
Öffnungszeiten: täglich 18–20 Uhr

Santa Margalida.
San Miguel, 48, ✆ 72 56 58
Öffnungszeiten: montags bis freitags 9.30–
11 Uhr und 17.30–19 Uhr, samstags und
sonntags 9.30–11 Uhr und 17–19 Uhr

San Miguel.
San Miguel, 2, ✆ 71 54 44
Öffnungszeiten: montags bis samstags 8–
13 Uhr und 17–20.15 Uhr, sonn- und feiertags
7–8.45 Uhr, 10.30–13.45 Uhr und 17–18 Uhr

San Francisco.
Plaza San Francisco, 6, ✆ 71 26 95
Öffnungszeiten: 9.30–13 Uhr und 15.30–
19 Uhr, sonn- und feiertags nachmittags
geschlossen
Kreuzgang. Öffnungszeiten s. o.

Museen und Sammlungen außerhalb von Palma

Alcúdia

Pollentia
Offenes Gelände; freier Eintritt

Römisches Theater. Teatro Romano
Offenes Gelände; freier Eintritt

Städtisches Archäologisches Museum
Museo Arqueológico Municipal,
C. San Jaime, 2
Öffnungszeiten: 10.30–13.30 Uhr und 15.30–
18.30 Uhr, sonntags 10.30–13.30 Uhr, montags geschlossen

Algaida

Kunstsammlung Ca'n Gordiola, ✆ 66 50 46
Ctra. Palma-Manacor, Km. 19 (Algaida)
Öffnungszeiten Winter: 9–13 Uhr und 15–
19 Uhr, Sommer: 9–13.30 Uhr und 15–
20 Uhr,
sonntags geöffnet 9–12 Uhr

Artá

Prähistorisches Dorf ›Ses Paisses‹
Offenes Gelände; freier Eintritt

Regionalmuseum von Artà.
Rafael Blanes, 8, ✆ 56 20 20
Öffnungszeiten: 10–12 Uhr, samstags und
sonntags geschlossen, für andere Besuchszeiten Anmeldung im Pfarramt

Binisalem

Casa Sureda.
S. Vicente de Paúl, 8, ✆ 51 21 86
Öffnungszeiten: 9.30–17 Uhr,
sonn- und feiertags geschlossen

Wachsmuseum (Mallorca Forum), ✆ 51 12 28
Ctra. Palma-Inca, Km. 25
Öffnungszeiten Winter: 9–19 Uhr,
Sommer: täglich 9–20 Uhr

Capdepera

Festungsturm von Canyamel
Zur Besichtigung Schlüssel im nebenan gelegenen Restaurant abholen

Costitx

Iberobalearische Fauna
Öffnungszeiten Winter: 9.30–13 Uhr und
15–19 Uhr, Sommer: 9.30–13 Uhr und 18–
21 Uhr

Deiá

Sammlung Son Marroig, ✆ 63 91 58
Ctra. Valldemosa-Deiá
Öffnungszeiten: Morgens 9.30–14.30 Uhr täglich, nachmittags 16.30–18 Uhr (Winter),
16.30–20 Uhr (Sommer), April bis Oktober

Alte Mühle in Porreres

Die Kirche von Felanitx

sonntags 9.30-14.30 Uhr, nachmittags geschlossen. November bis März sonntags geschlossen

Archäologisches Museum
Zur Besichtigung Auskunft bei Herrn Sanders gegenüber vom Museum

Escorca
Sammlung Monasterio de Lluch. ☎ 51 70 25
Öffnungszeiten Winter: 10-17.30 Uhr,
Sommer: 10-19 Uhr täglich

Lluchmajor
Prähistorisches Dorf ‹Capocorp Vell›, ☎ 66 16 26
Öffnungszeiten: 10-18 Uhr täglich,
donnerstags geschlossen

Muro
Völkerkunde-Museum. Mayor, 15, ☎ 71 75 40
Öffnungszeiten: 10-14 Uhr und 16-19 Uhr,
sonntags 10-14 Uhr, montags geschlossen

Petra
Junípero Serra-Museum.
C. Junípero Serra, ☎ 56 10 28
Öffnungszeiten: 9-20 Uhr

Stammhaus Junípero Serra.
C. Junípero Serra, ☎ 56 10 28
Öffnungszeiten: 9-20 Uhr, täglich

Pollensa
Sammlung Costa i Llobera (Geburtshaus)
Besichtigungstermin schriftlich abmachen

Städtisches Museum (Dominikanerkloster),
☎ 53 01 08

Öffnungszeiten: 10–12 Uhr (dienstags, donnerstags und sonntags), nachmittags geschlossen

Sant Llorenc

Städtisches Archäologie-Museum.
Pl. d'es Pou Vell, ✆ 56 90 03
Öffnungszeiten: 9–14 Uhr montags bis freitags

Santa María

Konvent der Pauliner, ✆ 62 01 74
Sammlung Casa Conrado
Öffnungszeiten: 16–19 Uhr, sonntags geschlossen

Sineu

S'Estació. Kunstgalerie, ✆ 52 07 50
Öffnungszeiten: dienstags bis samstags von 11–13 Uhr und 17–19 Uhr, montags geschlossen

Sóller

Kulturhaus. Calle del Mar, 5
Öffnungszeiten: 16–18 Uhr, sonntags geschlossen

Valldemosa

Kartäuserkloster, ✆ 61 21 06
Öffnungszeiten: Oktober bis März von 9.30–13 Uhr und 15–17.30 Uhr. April bis September von 9.30–13 Uhr und 15–18.30 Uhr. Feiertags geöffnet, außer an Weihnachten und Silvester; sonntags geschlossen

Palast des Königs Sancho, ✆ 61 21 06
Öffnungszeiten: Oktober bis März von 9.30–13 Uhr und 15–17.30 Uhr, April bis September von 9.30–13 Uhr und 15–18.30 Uhr. Feiertags geöffnet, außer an Weihnachten und Silvester, sonntags geschlossen

Castillo de Santuari südlich von Felanitx

PALACIOS, CASAS SENORIALES, CASAS DE CAMPO UND FINCAS

Die Geschichte Mallorcas ist geprägt von Konkurrenz und Mißtrauen zwischen der Stadt (ciudad) und dem Land (campo - oder wie die Mallorquiner sagen - foravila - vor der Stadt). Historisch fand dieses Ungleichgewicht seinen Höhepunkt in den Bauernaufständen des 15. Jh.s, als die Landbevölkerung durch eine Unterbrechung der Versorgung u. a. mit Wasser die Herren in Palma zwang, die Stadttore zu öffnen.

Diese tiefen, über Jahrhunderte gewachsenen Strukturen, die sich in Architektur, Haltung, Bräuchen und täglichem Leben manifestieren, wurden unterstützt durch eine Erbrechtspraxis, die seit Anfang der 50er Jahre dieses Jh.s zu einer bis heute andauernden Störung bei der Gewichtung zwischen Stadt

◁ *Palacio S'Aval in Salinas*

Patio des Palastes in der Calle Almudaina Nr. 3
◁ *Stadtpalast in der Calle Almudaina Nr. 3*

und Land führte. Die unwirtschaftlichen, rauhen und mit Meersalz belasteten Grundstücke in Küstennähe und die Strände, unnütze Anhängsel der großen landwirtschaftlichen Latifundien - wie man glaubte -, wurden zur Goldgrube für die Erben, die ursprünglich nicht so großzügig bedacht werden sollten. An den Küsten entstanden die neuen Paläste, und die Erben dieser Grundstücke, bzw. die Schmuggler, die Küstengrundstücke erwarben, um hier ihre Schmuggelware anzulanden, oder auch Spekulanten bildeten eine neue, prosperierende Gesellschaftsklasse: Touristikunternehmer und Hoteliers.

Diese Entwicklung besiegelte endgültig das Schicksal der Nachfahren katalanischer Edelleute, die einst die Insel von den Mauren befreit und das Land weitgehend unter sich aufgeteilt hatten: Latifundisten, die Bauern in abhängiger

Arbeit auf ihren Anwesen hielten, in deren Mitte die *casa señorial* als Dependance eines *palacio de ciutat* (Palma) stand. Diese Edelleute, gut zwei Dutzend Familien, die fast die gesamte Macht auf der Insel präsentierten, trafen sich zunehmend ratloser in ihrem *Circulo Mallorquín* (einer Art Ratssitz der Edlen), den sie auf der geschliffenen *Medina Mayurka* errichtet und durch dessen Bau sie, ebenso wie durch die Erbauung der restlichen Oberstadt, die maurischen Spuren - bis auf einige wenige - vernichtet hatten.

Diese Edelleute waren nun in der unangenehmen Lage, sich für eine der beiden *casas señoriales*, die auf dem Land oder in der Stadt, zu entscheiden, denn zum Unterhalt beider Sitze würde das Vermögen nicht mehr reichen. Zunächst mußten sie ihren *Circulo Mallorquín* verkaufen; er beherbergt heute das *Par-*

Casa de Campo und Casa señorial

lament Balear der Inselregierung und ein gutes Restaurant »Es Parlament« (Can Bernat).

Einige Repräsentanten des mallorquinischen Blut- und Geldadels zogen also hinaus aufs Land und überließen die *casas señoriales* und *palacios* ihrem Schicksal (in der Regel dem Verfall). Das Land und die Landwirtschaft wurde so etwas wie ein letzter Rettungsanker, um wenigstens das Überleben zu sichern und sich wehmütig an die alten Zeiten zu erinnern – Zeiten, in denen aus ihren Kreisen Vizekönige gewählt wurden. Andere, stolzere oder uneinsichtigere ›Edle‹, blieben in ihren *palacios* oder *casas señoriales* in der Stadt; sie verpachteten oder verkauften im äußersten Notfall ihre Ländereien und versuchten so zu überleben. Es gibt selbst im ausgehenden 20. Jh. noch Familien in Palma, die seit nunmehr gut 100 Jahren von nichts anderem leben als vom Verkauf des Grundbesitzes, den einer ihrer Vorfahren, der

König Jaime I. bei der Eroberung Mallorcas begleitet hatte, als Kriegsbeute zugeteilt bekommen hatte; das war vor gut 500 Jahren.

Nun hat diese Entwicklung zunächst einmal einige Vorteile, die der Besucher Palmas in Augenschein nehmen kann; nämlich einen der besterhaltenen historischen Stadtkerne des Mittelmeerraumes und Europas, Paläste, Stadthäuser, Arkaden und Bäder aus den verschiedensten Epochen, wie sie kaum noch an anderer Stelle existieren. Dies ist so gesehen den Mitgliedern des *Circulo Mallorquin* zu verdanken, die die Zeichen der Zeit mehr als einmal verschlafen hatten, so daß am Ende keinerlei Geld für Sanierungskonzepte vorhanden war.

Foravila – also ›vor der Stadt‹ – standen auf den enormen Landgütern je eine große *casa señorial* und viele mehr oder weniger große *casas de campo* auf dem großen Grundstück verteilt, wo die Bauern zum Teil mit dem Vieh

144

wohnten, das Land bearbeiteten und die *casa señorial* in Ordnung hielten für den Tag, an dem die Herrschaften aus Palma anreisten, was zunächst selten genug war, aber mit zunehmender Krise immer öfter vorkam. Da es für die *casas señoriales* - sei es auf dem Land oder in der Stadt - nach dem Zweiten Weltkrieg keinerlei Kaufinteressenten gab (die 1000 und mehr Quadratmeter eines solchen Hauses waren in der nun angebrochenen, neuen Zeit völlig unwirtschaftlich geworden), blieb dem verarmten Adel nichts anderes übrig, als ihre Landgüter ganz oder teilweise zu verpachten oder zu verkaufen. Es bildete sich also ein neuer Landadel, der sich einerseits aus den ›edlen‹ Stadtflüchtigen, vor allem jedoch aus mittelständischen Landwirten und Kornmühlenbesitzern zusammensetzte. Diese sahen den neuen Zeiten mit zunehmend gefülltem Säckel entgegen, sei es als Züchter oder als Exporteure des gefragten schwarzen Schweins *(porc negre)*, dessen Verschiffung auf das spanische und französische

Festland schon im 19. Jh. zu den ersten regelmäßigen Schiffsverbindungen und somit indirekt zum Beginn des Massentourismus führte, wenn auch die Touristen hier zunächst Passagiere zweiter Klasse zu sein schienen (wie George Sand in ihrem Buch »Ein Winter auf Mallorca« beschreibt).

So sind die *casas de campo* bzw. *posesiones*, die Windmühlen *(molinos)* und die *fincas rusticas* das eigentliche Rückgrat Mallorcas, und immer wieder, wenn es zu einer Krise kommt, besinnt sich der Mallorquín auf die Wurzeln, die im Landesinneren liegen und die schließlich das Charakteristische der Insel ausmachen.

Dies alles als Hintergrund für die Frage, die die Menschen, die zu Gast auf Mallorca sind, wohl am häufigsten stellen, nämlich, warum bestimmte Häuser leer stehen, nicht bewirtschaftet werden oder verfallen. Keine dieser Tatsachen wäre für einen Mallorquiner ein Grund, eine *posesion* zu verkaufen. Das Land wird als der Notgroschen verstanden, und die erste Tou-

Finca in Son Negre/Felanitx

rismuskrise der 90er Jahre hat sofort zu einer Rückkehr aufs Land der Vorväter geführt; viele Schollen, die Jahrzehnte lang unbearbeitet blieben, werden jetzt wieder gepflügt.

Was diese Strukturen für die Küche Mallorcas bedeuteten, ist ebenfalls eindeutig: durch die enge Bindung des *palacio* (in der Stadt) an die *casa señorial* (auf dem Land) derselben Familie, wurden in der Stadt die Feldfrüchte des *campo*, der Latifundie, verzehrt, und die Köchin oder Zugehfrau war in der Regel die Tochter der Familie, die den landwirtschaftlichen Betrieb der

casa señorial für die Herrschaften bewirtschaftete. Eines der ältesten Kochbücher Mallorcas, die am Ende des 19. Jh.s von Madó Coloma aus Campos herausgegebene Rezeptsammlung, beschreibt in den Begleittexten exakt das Leben einer Köchin und Zugehfrau während dieser Zeit.

Diese Strukturen haben eine Küchentradition bewahrt, die bei manchen Gerichten bis in das Mittelalter zurückverfolgt werden kann und die sich in vielen archaischen Rezepten dieses Buches widerspiegelt, welche durch ihre kräftige Ursprünglichkeit überzeugen.

◁ *Patio von Son Marti bei Villafranca*
Mühle in Campos

DANK

Die Autoren und der Fotograf bedanken sich für die Unterstützung, Hinweise und Mitarbeit bei: Ayuntamiento de Campos, Ayuntamiento de Lluchmayor, Ayuntamiento de la Puebla, Ayuntamiento de Palma, Conselleria de Agricultura, Conselleria de Cultura, Conselleria de Turismo, Consell Insular de Mallorca, Govern Balear, Universitat de les Illes Balears, Colegio de Arquitectos, Marie Servicio Geografico Del Ejercito, Louise Zahnke, Joana Bestard, Manolo Ripoll, Miguel Capella, Guiem Soler, Maria Antonia Bauzá, Felip Roca, Enrique Serra, Pere Joan Morey y Juana Maria Solivellas de Morey, Miguel Segura, Sebastian Munar, Margerita Ferrá Boutroux, Gabriel Quetglas; ferner bei den Restaurants *Can Pep (La Rapita)*, *Son Tomas*, Banyalbufar, *Es Recó de Randa*, Randa, *Can Miquel*, Cala Pi, *Sa Roqueta*, Es Molinar, *Ran de Mar*, Ses Covetes, *Lain*, Puerto de Andraitx; sowie bei Miguel Riera y Magdalena Mesquida de Santa Maria, Isabel Ribas de *Son Marroig*, *Menut* en Lluch, Caja de Ahorros y Pensiones de Barcelona ›La Caixa‹, Caja de Baleares ›Sa Nostra‹.

◁   *Im Nachtlokal ›S'Abaco‹ in Palma*

REGISTER DER REZEPTE

Deutsch